いじめ、学級崩壊を激減させる
ポジティブ生徒指導（PBS）ガイドブック

期待行動を引き出すユニバーサルな支援

メリッサ・ストーモント／チモシー・J・ルイス
レベッカ・ベックナー／ナンシー・W・ジョンソン　［著］

市川千秋／宇田 光　［監訳］

明石書店

IMPLEMENTING POSITIVE BEHAVIOR SUPPORT SYSTEMS IN

EARLY CHILDHOOD AND ELEMENTARY SETTINGS

by

Melissa A. Stormont , Timothy J. Lewis , Rebecca S. Beckner , Nanci W. Johnson

Original English language edition published in the United States, United Kingdom, and New Delhi by Corwin Press,

Inc. (a SAGE Publications, Inc. company)

Copyright © 2008 by Corwin Press

Japanese translation published by arrangement with Corwin Press (a Sage Publications Inc. company) through The

English Agency (Japan) Ltd.

訳者まえがき

　今日、いじめ・学級崩壊・対教師暴力など、学校教育の問題が深刻な課題になっている。こうした課題をどのように解決に導くことができるのか。学校教育は協同作業であり、すべての教職員や教育関係者、保護者が一致団結して、学校指導体制それ自体を抜本的に変革する必要があるのではないだろうか。

　一方、米国では1980年後半以降、新たな動きが起きている。ポジティブな行動に焦点を当てた「行動支援：PBS」や「行動介入支援：PBIS」に基づく教育改革が、全米で急速に広がっている。現在米国では21,000を超える就学前、小学校、中学校、高校の教育現場で取り組まれている。

　このような動きは、先取り指導による予防的アプローチを取り入れているのが特徴である。その結果、問題行動が顕著に減少する成果が、実践研究で報告されている。米国の実践校では、教師への暴言・授業妨害・いじめ・学級崩壊などが急速に減少している事実が報告されているのである。

　米国でのこうした動きについて、適切な入門書がこれまで日本に十分に紹介されてこなかった。本書はおもに就学前から小学校の教職員を対象に書かれている。

　原書、*Implementing Positive Behavior Support Systems in Early Childhood and Elementary Settings*（幼児期や小学校場面でのポジティブな行動支援の実践）を翻訳するにあたり、タイトルを『いじめ、学級崩壊を激減させるポジティブ生徒指導（PBS）ガイドブック』と訳した。

　『いじめ、学級崩壊を激減させるポジティブ生徒指導（PBS）ガイドブック』では、全教職員と子どもが協同して望ましい行動や期待行動がとれるように導いていく。そのプロセスでは、モデリング技法や、学習心理学でいう強化の原理に基づく「行動教育」や「応用行動分析」をふんだんに取り入れている。そのため望ましい期待行動を「行動レベル」で明確化し、教え、導くという意味を込めて、あえて「ポジティブ生徒指導（PBS）」と意訳することにした。しかし一部でPBSをそのまま用いたり、SupportやBehavior Supportを「支援」や「行動支援」と訳したところもある。

授業妨害や対教師暴力などを扱う従来の「生徒指導」には、子どもの問題行動を強権的に排除・除去するというネガティブなイメージがみられるのも事実である。そのため、本書を通して、これまでのネガティブなイメージから、ポジティブな「生徒指導」へのシフトを目指したいという思いも込められている。ところで、子どもが授業妨害や対教師暴力などを起こしたとき、通常、叱ったり、処罰を与える。このやり方が十分でないのは教師であれば誰でも知っている。教師に反発したり、くってかかる子どももいる。だが、授業を進めるうえで叱らざるを得ない現実がある。教師たちは戸惑い、少なからず自信をなくしてしまう。

　他方で次のように考えていただきたい。算数で落第点をとった子どもに教師は叱るだけではない。教科書や参考書を取り出して算数ができるように指導する。学んでいないために、または間違ったために、再指導をする。このように考えるなら、教科学習と同様に、暴力を振るう子どもにも望ましい行動ができるように教えること、学び直しが求められてもよいのではないか。そして、望ましい行動ができるような工夫・手立てを開発して提供する。そうすれば、子どもたちの援助必要性を満たすことができるのではないか。

　この点、「ポジティブ生徒指導（PBS）」では「期待行動は教えられうる」という立場に立つ。「教える」といってもその方法をどうするのか。

　子どもの持つ肯定的な部分・強みに注目する。起きてしまった問題行動に焦点を当てるのではない。具体的には、期待行動を子どもに教えたり、望ましい「代替行動」が取れるように導く。そのプロセスは、データ収集と分析を通して検証された科学的な成果に基づいた方法で取り組んでいく。しかも、多様な子どもたちに対して、適切な指導環境を段階的に設定し、全校的な指導体制を作り上げていくのである。

　つまり、子どもの持つ肯定的な部分・強みをもとに科学的アプローチによって検証された方法で、教職員や子どもたちが「自信」を持って立ち向かう。あらゆる学校場面で期待行動が満ちあふれる望ましい学校づくりを実現し、その結果として、問題行動を減少させていく。まさに、先取りの立場に立った、ポジティブで新たな生徒指導といえるのではないだろうか。

　なお、いくつかの米国の学校現場には、生徒指導の専門家が配置されている。

Behavior Specialist（「生徒指導士」と訳する）と呼ばれ、主に「行動レベルの指導」に携わっている。日本の教育現場への導入にも、米国でみられるように「行動レベルの指導」の専門的な力を持った生徒指導士の導入が求められる。

　本書を、生徒指導上の深刻な課題の解決を模索しておられる先生方、生徒指導士の皆さん、教職志望の大学生・大学院生の皆さんにお勧めしたい。ポジティブな行動を生み出す能動的で新たな生徒指導のガイドブックとしてお役に立てていただくことを期待している。

　最後に、本書を初めて紹介してくださった池田実先生（ウィスコンシン州ケトルモレイン校区自閉症コーディネーター）にはたびたびご相談して、訳語に関して有益なご助言をいただいた。記して感謝を申し上げたい。

監訳者　市川千秋・宇田　光

序

　本書は、子どもの問題行動に対してポジティブかつ予防的に対処する方法について、教育専門家向けに書かれたものである。学校で問題行動を示す子どもは増えていて、そのような子どもに、教師はうまく対処できないと感じている。子どもの問題行動に対するこれまでのありふれた対処方法は、場当たり的かつ罰志向である。こうしたやり方は、「ぬかに釘」であり、実際のところ、かえって、子どもの行動を悪化させてしまうのだ。

　だが、本書では、これまでとは違ったやり方で取り組む、予防的で、教えることを志向する方法を紹介したい。子どもはソーシャルスキルを、ちょうど学習スキルと同じように学んできている。子どもは、期待される行動を教師が教えてくれるのを求めているのだ。

　本書のねらいは、ポジティブ生徒指導に関心があるか、あるいは、ポジティブ生徒指導の体制づくりに取り組んでいる専門家のお役に立つことにある。現にポジティブ生徒指導を実施している学校をいかにサポートするのか。うまく実施するのに不可欠といえる学校体制の在り方、鍵となる特徴について詳しい説明を行う。

　その焦点は、すべての子どもたちへのユニバーサル〔訳注：ユニバーサルとは全校職員およびすべての子どもを対象とすることを意味する〕な支援にあり、さらなる支援を必要とする子どもに対しても、より強力な個別的支援を築くことに向けられている。

　そのためポジティブ生徒指導を支援する、管理職、教師、特別支援教師、スクールサイコロジスト、カウンセラー、行動コンサルタント、指導助手などの方々のために役立つものである。

　本書で述べるユニークな特徴は、次の点にある。
- ポジティブ生徒指導をサポートする研究上の基礎
- 実践を助けるために備えておくべき仕組みの提示
- 専門的な研修のための援助必要性とその過程

- 委員会に目を向け、学校独自な文化に沿って鍵となる特徴を実践に導くこと
- 鍵となる特徴をどう実施したらよいのか、段階を踏んだ説明
- 実践事例
- データに基づいた問題解決の取り組み過程
- 就学前や小学校での典型的な事例
- 社会的な誤りを生かして、教えることを深める、という問題意識

謝　辞

ミズーリ大学SW-PBSセンターの協力を得、米国教育省、特別支援教育プログラム部門から助成（H324T000021、H326SO30002）を受けた。
PBISセンターOSEPから助成（H324X010015）を受けた。
Corwin Pressは、ポリー・ホワイト（オームスビル小学校）、コニー　E. ラズンツェル（レイクヒル小学校）、マーク・オルター（ニューヨーク大学）ジュリア・デガーモ（コロンバス公立学校）から協力を得た。

目　次

訳者まえがき ……………………………………………………………… 3
序 …………………………………………………………………………… 6
謝　辞 ……………………………………………………………………… 7

第1章　ポジティブ生徒指導により、問題行動を起きなくする … 13

子どもの過去の学習経験を理解することの大切さ ………………… 15
問題行動を予防し、対処する ………………………………………… 18
ポジティブ生徒指導 …………………………………………………… 18
サポートの連続帯と鍵となる特徴点 ………………………………… 20
科学的に実証されたポジティブ生徒指導 …………………………… 23
まとめ …………………………………………………………………… 26
本書の全体像 …………………………………………………………… 27

第2章　体制づくりを支援する ……………………………… 29

州、地区、プログラム別に体制を築く ……………………………… 31
取りかかる ……………………………………………………………… 31
学校やプログラムの実践力を生み出す ……………………………… 35
　ポジティブ生徒指導のトレーナー　35
　学校やプログラム委員会の訓練　36
　ポジティブ生徒指導の指導員　38
まとめ …………………………………………………………………… 39

第3章　委員会を立ち上げ、引っ張る …………………… 41

委員会を立ち上げる …………………………………………………… 42
初期の計画推進 ………………………………………………………… 43
優先順位と時間枠を決める …………………………………………… 43
役割の分担と効果的な会議の運営 …………………………………… 48

集めるデータの内容を決める ……………………………………… 49
　　専門性の研修 ……………………………………………………… 54
　　　　ミラー先生が事前矯正を学ぶ　58
　　教職員や家族にポジティブ生徒指導を説明する ……………… 59
　　まとめ ……………………………………………………………… 62

第4章　期待行動を教える …………………… 65

　　期待行動を選んでみよう ………………………………………… 66
　　期待を表す具体的な行動の決め方 ……………………………… 68
　　共通の言葉を用いるマトリックスを作成しよう ……………… 69
　　1つ1つの社会的行動を教えよう ……………………………… 71
　　まとめ ……………………………………………………………… 78

第5章　適切な行動を支援する …………………… 79

　　教えられた期待行動を増やす方略 ……………………………… *81*
　　　　補助と手がかり　*81*
　　　　子どもへの近づき　*83*
　　　　環境要因を修正する　*84*
　　適切な行動を身につけさせる方略 ……………………………… *85*
　　　　言葉によるフィードバック　*85*
　　　　学校やプログラムでの強化子　*85*
　　　　しばしば振り返る　*91*
　　まとめ ……………………………………………………………… *91*

第6章　矯正的な指導をする ………………… 93

　　問題行動を定義し、一貫して対応する ………………………… 93
　　問題行動の記録を残す …………………………………………… 96
　　矯正的な指導を行う ……………………………………………… 99

  休みが終わって　*101*
  生徒指導室で積み木を並べる　*103*
  算数が嫌いなフィリップ　*104*
さらに考慮するべきこと ··· *104*
  発達の考慮　*104*
  独自な援助必要性に対し異なる指導を与える　*105*
まとめ ··· *105*

第7章　データに基づいて意思決定する ············ *109*

データ収集の計画を立てる ··· *109*
  質問を明確にする　*110*
  基本となるデータ情報源を把握する　*110*
  その他のデータ情報源を把握する　*111*
  データ収集の責任　*112*
  データの収集スケジュール　*112*
  データの分析　*112*
ポジティブ生徒指導での意思決定 ·· *117*
  計画通りポジティブ生徒指導に取り組む　*117*
  運動場のルールが嫌いな子どもたち　*118*
  介入の影響を見極める　*120*
  新たな運動場のプランはうまく行っているか　*121*
  個人についての意思決定　*121*
  運動場における必要な協力体制　*122*
まとめ ··· *123*

第8章　小集団および個別支援の基盤をつくる ······ *125*

ユニバーサルな働きかけをしっかりと ······································ *125*
小集団あるいは目標を絞った支援を確立する体制 ···················· *127*
  保護者に連絡する　*128*
  実践のリストを作成する　*128*
  「チケットイン（委託システム）」を確立する　*129*

子どもの援助必要性を支援と一致させる　*130*

　　訓練と実践への支援を提供する　*131*

　　寄り添う指導を行う　*132*

　　モニタリングをして評価する　*132*

　　長期の支援を提供する　*132*

　　すべてを書き留める　*133*

小集団あるいは目標を絞った方略 ……………………………………… *134*

　　ソーシャルスキル　*134*

　　自己管理　*135*

　　学校教育段階あるいは就学前段階の支援　*137*

　　リスクのある子どもにメンタリングを行ったり、関わりを持ったりする　*138*

　　目標を絞った支援　*138*

集中的あるいは個別的な子どもへの支援 ……………………………… *139*

結　論 ………………………………………………………………………… *142*

　　文　献 ……………………………………………………………………… *143*

　　著者・監訳者・共訳者紹介 ……………………………………………… *150*

第1章 ポジティブ生徒指導により、問題行動を起きなくする

　ウォルカーらの次の指摘を考えてほしい[85]。「小学校3年生の終わりまでに反社会的行動が変わらなければ、糖尿病と同様の慢性症状とみなすべきである。つまり治療はできなくとも、適切なサポートと継続的な介入をすれば、なんとかやっていくことができるのだ」。この文が示すように、子どもの社会的行動をなんとか変えていくようにする機会は、家族にも学校や地域の諸機関にも開かれている。難しい行動問題を抱えた3年生以上の子どもを教育者はあきらめなさい、と言うのではない。むしろ糖尿病と比較することが、当を得ていると言っているのである。糖尿病の患者も通常の健康な生活を営むことはできる。ただそれには、血糖値を見守って調整し、食事や運動に気をつけていかねばならない。これらのどれか1つにでも失敗すれば、糖尿病患者はより深刻な合併症や、死の危険性にも直面するかもしれない。

　早期の集中的、包括的な介入を受けていない子どもの慢性的な問題行動をうまく予防し、サポートしたい。そう考えるなら、学校はそうした子どもの「食事や血糖値」を記録して、「運動」をさせ、精神的健康を増進し、より深刻な問題行動を予防する必要がある。

　幸いなことに、多くの子どもや若者は諸問題にうまく対処していく。こうした子どもや若者は、学校や家族や仲間や地域社会での経験を通じて、社会で必要とされる技能を獲得する。うまくやっていく場というものは、適切なモデルを提供し、行動を常に見守っている。そこでは学業的、社会的な成功の機会が

（注）本文中の[85]などは、巻末の文献番号である。

あり、適切なフィードバックが子どもや若者の行動を導いているのである[74]。

不幸にも、子どもや若者のすべてが、適切なモデルを用意されていたり、いつも見守られていたりするとはかぎらない。学業や社会的な成功の機会もなく、適切なフィードバックにも欠けているのだ。危機に立つ子どもたちにとって最も適切な社会経験は、そんなに頻繁には起こらない、成り行きまかせの試行錯誤による学習経験なのである。事実、米国の学校や地域社会では、子どもの成長が危機にさらされていて、すでに反社会的な行動に走っている子どもたちが、ますます懸念されるようになっている。教師の報告によると、子どもたちの5人に1人が妨害的行動をして、介入が必要となっている[45]。

同様のことが幼児期においても起きている。たとえば、危機にある、ヘッドスタート計画〔訳注　就学援助プログラムの名称〕で指導されている幼児では、身体的な攻撃性が、同じ年齢の幼児よりも有意に高い結果が報告されている[27]。ヘッドスタート計画に携わる教師は、幼児の40％までが、1つあるいはそれ以上の問題行動を日常的に示すというのである[89]。問題行動を示す子どもは、ソーシャルスキルにも問題があるという点がさらに危険性を高めている。自己管理や基本的な問題解決、他の子どもと上手につきあうなどのソーシャルスキルが、学校でうまくやっていける前提条件であると、教師たちは口を揃える[66]。しかし、教師たちは、成功するために必要なスキルを備えずに学校に来る子どもが増えてきたと訴えているのだ[49][65]。

子どもの問題行動を制御し、ソーシャルスキル不足に対処しようとするとき、明らかに、教師は多大な労力を必要とする。だが、教師の多くは、子どもたちの社会的な援助必要性にうまく応えていないと感じている。適切な社会的行動パターンを幼児に育む重要性は、いくら強調してもし過ぎることはない。教師はその緊急性に目を開き、それに対処する手だてを理解する必要があるのである。

敬意を示さない。指示に従わない。こうした幼児に見られる比較的小さな暴力的でない行動が、後になってより暴力的で攻撃的、深刻な問題行動につながっていくことは明白である[15][80][81]。残念ながら、教師は伝統的なしつけの方法に頼っている。問題行動を罰するというものである。しかし、リサーチによれば、伝統的な罰に基づく規律指導はハイリスクの子どもには効果的でなく、問題行動を起こす率を下げるどころか、むしろ上げてしまうという[40][41]。

第1章　ポジティブ生徒指導により、問題行動を起きなくする

　さらに、問題行動に対して罰に頼りすぎていることに加えて、教師は子どもたちの問題行動に対して先制的な指導ができていないとも感じている[69]。
　すなわち、(1)成功するために必要で社会に受け入れられる鍵となるスキルを持たない子どもが増加し、(2)幼児の小さな問題行動と後の慢性的で深刻なパターンとには相関があり、(3)問題行動に対して罰に頼りつづけている現状がある。これらが組み合わされて、暴力的で攻撃的な行動が青少年に増加する結果を招いている。よって公衆衛生局前長官であったエバレット・クープはついに、これは流行性の病気だと宣告したのである[26]。
　子どもが入学前に学んできたことと、学校に入ってすぐの間での断絶が問題である。つまり、教師による経験と、教師が子どもの学習史について仮定していることとのずれである。要するに教師は、「子どもはみんな、適切な社会的行動をすでに幼児期に学んできている。学校ではそういう行動を強化すれば規律維持ができるのだ」と仮定している。たとえば、学校内で居残りをさせるときにその前提として、(1)子どもは不適切な行動の代わりに何をすべきかを知っている、(2)子どもは別室に出されるよりもむしろ教室内にいたい、つまり、教室は強化をもたらすところだと子どもは思っている、とみなしている。だから、子どもは自分の行動を振り返って、将来教室から追い出されたりしないようにするに違いない、と教師は仮定するというわけだ。このことは、私たちが関わってきた数多くの子どもたちにとって、事実だとは言えないのである。
　本章では以下、行動サポートの包括的な体制を作り上げるうえで、学習経験という要因を踏まえておくことの大切さを手短かに述べることにする。これまでの学習経験が子どもを危機に直面させてしまうのだ、という観点から、就学前や幼稚園での社会的問題への対処方法を提案する。最後に、ポジティブ生徒指導について、これまでに支持の得られた研究成果を基に概観することにする。

子どもの過去の学習経験を理解することの大切さ

　学年の初めに多くの教師が、カリキュラムを子どもに合わせるために、それまでの子どもの学力を査定する。場合によっては、その学年レベルのカリキュラムに入る前に、以前の事項を教え直す必要がある。子どもがずっと進んでい

るときは、カリキュラムの最初は飛ばすことにする。どちらにしても、教師はこれまでの学習について仮定をせずに、現在の成績水準に合わせて指導をするようにする。前の例では、期待する成績水準に達していないからといって教師は、「このことは、もう知っているべき内容だ」と考えるかもしれないが、その子どもに罰を与えたりはしない。

　いずれにしても教師は、子どもが必要なスキルを獲得できるように教えるのである。再度言うが、教師は**教える**のである。社会的行動も同じ論理に従うことが大切である。規律とか行動管理と呼んでいることに対して、「これはこの頃までに子どもが知っているべきことだ」と、教師は決めつけないのがよい。むしろ、これまでの知識を調べて、カリキュラムを調整してサポートするのだ。勉強と同様に行動の場合も、子どもの持つ知識とは無関係にカリキュラムを実行すれば、苦境に陥らせてしまう。こうして発達の初期に学業上、行動上の苦境を経験すると、しばしば長い間、学習も行動も問題を引きずることになるだろう。

　反社会的行動を示す子どもを通じて、極端な行動上の問題を理解しようとする研究がある。これらの研究では反社会的行動(たとえば学校ドロップアウト、暴力、薬物乱用、投獄など)の道に子どもが迷いこんでしまうという。しかもその道に通じる学習された社会的相互作用のパターンと、子どもが「このときには知っているべきこと」との間が断絶している例を示している[51][87]。子どもは反社会的な姿で生まれてくるわけではない。他人と関わるなかで、反社会的になることを学ぶのだ。要するに、高いリスクを持つ子どもは、多くの人が不適切だと考える反社会的な行動を、家庭や地域の子どもにとって重要な他者から学びとるのである。　不幸にも、この不適切な行動は子どもたちが求めていることを満足させるし、しかも家庭でも支持される場合が多い。そのため長い間に、ネガティブで反社会的な行動パターンを維持させてしまっている。リスクのある子どもの行動は、基本的に、負の強化という原理（コラム1.1）によって維持され、強化される。

　反社会的なリスクを抱える子どもは、全体として、悪い結果を避ける形で動機づけられる。一方で、典型的な発達をする子どもは、正の強化を受けて行動パターンを発達させていく。

　よって、ほとんどの子どもにとっては嫌なことだが、休憩時間を取り上げた

コラム1.1　反社会的行動を育てる

　典型的な発達を示すたいていの子どもは、養育者とのやりとりの中で、社会的に適切なスキルを使って、自分の欲求を満たすことを学んでいく。こうした相互作用のパターンには、正の強化という原理がある。正の強化という原理では、ある行動が生じた後で、個人が強化されるある出来事が生じると、その行動を引き続いてとるであろう、と考える。たとえば、多くの子どもがある事を丁寧に頼む（「ジュースを取ってください」）やり方を学んでいく。

　そして、それに従う人を強化する（「ありがとう」）。くり返しこうした経験をするうちに子どもは、あるスキルを用いる（丁寧に頼む、ありがとうと言う）と、欲求（ジュース）を満たすことができるということを学んでいく。重要な他者が大切だと考えるやり方を、身につけるのである。親が良いマナーを褒める、これも基礎的な要求を満たす強化につながる出来事である。

　こうした初期の経験に基づいて、学校ではよくみられる大人からの称賛、たとえば微笑、褒め言葉、良い点数が強化子になって、多くの子どもは適切な社会的行動を取り続ける。

　反社会的行動を見せる子どももまた、自分の欲求を満たすことを学ぶ。だが、その行動は典型的には**負の強化**によって支配されている[51]。負の強化もまた、未来における特定の行動が生じる可能性を高めるのだが、個人が嫌いな物や出来事を提示することでそうなる。個人が社会的な要請や求めに従うと、その嫌いなことが取り除かれる。たとえば、親が店のレジに並んでいる時に、子どもがキャンディをほしがったとする。親が「だめ」と言うと、子どもはかんしゃくを起こす。つまり嫌なことである。もし親が従う（キャンディをあげる）と、その嫌いなことが取り払われる（かんしゃくが止まる）。この場合、子どもは親に負の強化をしている。子どもが将来「だめ」と言われてかんしゃくを起こすと、親は最初の要請に従いやすくなる。この例をさらに一歩進めると、ひとたび店を出ると、子どもには嫌いなことが待っている。かんしゃくを起こしたことで体罰を受けるとか、特権を取り上げられるなどのことがあるだろう。その結果、子どもは一連のソーシャルスキルを学ぶことになる。親が嫌がることをして要求を通したり、他人から嫌なことをされる時にそれをどう避けるかということである。これに対して、社会的に適切な行動をすると、他人から正の強化を受けるのである[51][87]。

り、居残りをさせるぞと、教師が脅したり実行したりすると、問題行動を減らすどころか、悪化させる恐れがある。なぜなら、負の強化によって行動を制御

しようとするモデルを、大人が与えてしまうからである。

　言い換えれば、行動を決めているのが何かを理解するのに、子どもの学習史を考慮せずに、単に多くの子どもにうまくいく方法を選んでしまうと、問題行動を変えることはできない。むしろ悪くするのだ。

　不適切な行動が強化される環境的リスク要因を述べたが、それに加えて独自の援助必要性や障害（困難）を抱えている子どもには、社会的な問題に対して脆弱である[65]。たとえば、学習障害（困難）やADHDがある子どもは、小学校入学の際に同年齢の子どもと同様のソーシャルスキルを持たない。こうした場合、その障害（困難）に関わる特徴が、社会的未成熟に繋がってきている。

　学習障害（困難）や障害（困難）のある子どもの欠損の土台が、初期の学習経験に強くリンクしていない場合が多いとしても、こうした障害（困難）を抱える子どもたちに対して、初期の反社会的なパターンを持つ子どもたちと同様に、社会的行動をサポートすべき援助必要性がある。

問題行動を予防し、対処する

　今ある行動上の問題に対処しながらも、初期の介入システムを築ける効果的な取り組みが不可欠となっている[20][21]。幸い、社会的な問題行動を予防し対処する包括的な体制がどのようなものかが、研究により明らかにされてきた[52][86][88]。

　行動サポートの効果的な体制は、これまでの子どもの学習に関わる誤った前提を乗り越え、直接的な指導、実践や社会的行動を見守ることにある。研究によると学校や地域は、問題行動をうまく減らすことができるという。

　そのためには、能動的な初期の介入プログラムを実践することである[5][6][8][9][11][72][83][86]。コラム1.2は、不適切な行動を減らし、適切な行動を増やすことが証明されたリサーチベースの実践に光をあてている。

ポジティブ生徒指導

　ポジティブ生徒指導では、数々の行動サポート方法を実施する。社会的行動

> **コラム1.2　社会的問題行動を予防し対処するリサーチベースの方法**
>
> - 親を訓練して、ポジティブなやりとりを増やし、子どもをアクティブに指導し、子どもの教育にアクティブに参加するようにし、強制的なやりとりの循環を断つ。
> - 就学、就学前での特にリテラシー、リテラシー準備のために、効果的な技能カリキュラムを創造して実施する。それによって、子どもが成功する学習者となり、自尊心を伸ばし、問題行動を減らすようにする。
> - 計画された直接的なソーシャルスキルの授業で、具体的な社会行動を教える。それを子どもが示すと、仲間からも大人からも社会的有能さを認めてもらえるものとする。
> - 包括的な予防的行動管理の方法を、学校全体で開発する。学校や就学前プログラムでは、残念ながら先に述べたような多くの理由から、効果的な予防実践を日常的に行っていない。リサーチによって妥当だと認められている組織的なやり方を用いていくことが、問題行動の有望な解決法であり、これを、ポジティブな生徒指導と呼ぶ。

の指導に焦点を当てた、指導の強度に幅をもたせた進め方である。そしてデータに基づく意思決定をし、学校環境を通して一貫して実施される(72)。ポジティブ生徒指導を就学前の状況に拡げると、それは就学前プログラム〔訳注：「就学前プログラム」は、本文中、「プログラム」あるいは「プログラム規模」と同一内容を示す〕のポジティブ生徒指導と呼ばれる。就学前のプログラムとは、3歳から5歳の子らに提供されるものと定義されてきた(68)。就学前プログラムのポジティブ生徒指導の鍵となる特徴は、ポジティブ生徒指導と同様である。ただ、幼児の教室はいくつかの建物や場所に置かれており、発達上の配慮からしてもサポートの方法に修正を必要とする(68)。ポジティブ生徒指導はいずれも、問題行動を予防するパッケージ化されたカリキュラムでも、調理本のアプローチでもない。それは、複数のリサーチに裏付けられ、今ある問題に注意深く適合された諸実践による総合的なプロセスである。このプロセスはまた、継続して用いられるように十分な体制となることを重視している。

サポートの連続帯と鍵となる特徴点

　ポジティブ生徒指導で重要なことは、行動サポートの連続帯を採用することにある。それは、子どもが学校でうまくやっていくには、学習指導と同様に、様々なレベルでの行動介入サポートが求められるという単純な事実を認めることにある。その連続帯には、三水準のサポートが含まれている。

　第一の水準は、一次的な予防、あるいはユニバーサルな行動、学業、学齢期前のサポートである。

　ここでの焦点は、問題行動の予防にある。リスクのある子どもに初期介入を行い、環境を変えて小グループや個別の介入の結果を改善するようにもっていく。ユニバーサルな方略は、ポジティブ生徒指導体制の基礎となり核となる。ユニバーサルな支援の鍵となる特徴は以下の通りである。

- 学校や就学前プログラムで、ポジティブで、明示的に述べられた期待行動を教師が作り、直接教えること。
- 子どもが期待通りにそれを用いたり修得したりしたら、一貫して承認すること。
- 子どもの問題行動への対応に、指導上の焦点を合わせること。
- 問題行動に対しては、一貫した矯正的な指導を組織的に行うこと。

　カフェテリアや校庭など教室以外の事態でも、その独自の援助必要性に合わせて、ユニバーサルなサポートが用いられる。研究によれば、約80～85％の子どもが予防的でユニバーサルなサポートに応答し、好ましい適切な行動を取り、問題行動は少ないという[16][35]。

　第二の水準では、ユニバーサルなサポートをしっかり実施した子どものうち、なお問題行動を続ける10％から15％を対象とする[71]。問題行動が悪化し慢性的になる前に、データに基づき、早期にそうした子どもが見いだされる。そして、小グループを用いて、ソーシャルスキルの指導や学業、就学前サポート、自己マネージメントなどといった目標に取り組む第二水準のサポートを受ける[13]。

第1章　ポジティブ生徒指導により、問題行動を起きなくする

　第三水準のサポートは、子どものうち約5％から7％を対象とする、集中・個別化サポートである。それは、包括的な行動査定に基づく、高度に個別化された行動サポートプログラムである[38]。ここでの子どもは典型的には、慢性的で深刻な行動上の問題をかかえている。時には、特別支援教育や精神健康・家族サービスをも取り入れていく必要がある。

　図表1.1 はポジティブ生徒指導の連続帯において、普通の小学校で当てはまる子どもたちの割合を表している[16]。

　たいていの学校で、このようなよく似たサポートが実施されている。すなわちたいていの子どもたちがその学校の一般的な規律アプローチ（ユニバーサルな）に応じ、そのうち何人かは小グループのサポートをカウンセラーや専門家から受ける。さらに、少数が特別支援教育のような個別化されたサポートを受けている。だが、ポジティブ生徒指導を実践する学校が違うところは、連続帯上における3つの水準のサポートのどれもが、ユニバーサルな体制の枠組みに基礎

図表1.1　ポジティブ生徒指導での行動サポートの連続帯

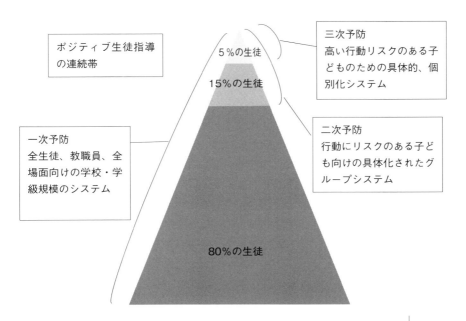

付けられている点にある。たいていの通常学校では、いくつかの水準でサポートがなされてはいるが、付加的なサポートを必要とする子どもたちを、教師や他の大人が決めかねている。

　すなわち具体化されたサービスで、その対象をどうするか。その活動内容はどうか。あるいはその具体的な働きかけの中で何に焦点化するかが、よくわからないのである。継続したり、一般化を進めるうえでの教師の役割もあいまいである。連続帯を設けることで、学校やプログラム内の誰でも、それぞれの水準のサポートがユニバーサルな体制とどう関わっているのかがわかるのである。

　言い換えると、小グループや個別的介入においては常に、ユニバーサルな一組の共通の期待行動を用いて、継続や一般化の可能性を高めている。そして、子どもが実行し、大人が承認する、という機会をくり返し与えていくのである。

　行動サポートの連続帯がうまくいくように、ポジティブ生徒指導では互いに関連する3つの特徴がある。(1)経験的に裏付けのある実践によって生徒をサポートすること、(2)データに基づいて具体的な行動サポートを行うこと、(3)その環境内にいる大人たちを系統的にサポートして、実践を正しく継続的に行えるように保証することである[37](図表1.2)。学校やプログラムの代表者を含む委員会が、システムの実施状況を見守る。委員会がサポートの必要性を見定めて、系統的にサポートしていく。

　委員会は研究に基づく実践を見守り、データ収集を進めていく。必要となるデータのタイプは、委員会が決める。データを用いて、進歩やサポートの必要性を決めていく。

　コラム1.3では、ポジティブ生徒指導が委員会の会合でどのように進められていくのか、その典型例を示している。3つの特徴がそれぞれ同時に働いて、ポジティブ生徒指導の本質を描き出している。

　まとめてみると、ポジティブ生徒指導の特徴は、(1)学校やプログラムの委員会を設け、(2)連続帯によるサポートを築き、(3)主要な特徴点を推し進めていき、子どもたちが学校のあらゆる場面で適切な行動をとるようにサポートしていく。(4)これらの手順のすべてでデータを用いていく。こうした点や、その他の特徴を、本書では詳しく述べていく。

図表1.2　ポジティブ生徒指導の特徴

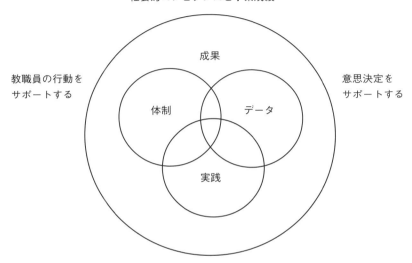

出典：OSEPのPBISセンター（2004）「SW-PBS：実践家のための青写真と自己査定」オレゴン州ユージーン、著者

科学的に実証されたポジティブ生徒指導

　今日までの研究では、ユニバーサルなサポート体制が学校規模で実施されれば、行動上のルール違反は最大60％減少する[16]。典型的な発達途上の危機に立つ子どもたちも社会的行動が改善する[57]。

　たとえば、テイラー・グリーンら（1997）によると、ある中学校では1学年のうちに管理部門規律委託（Office Discipline Referral：ODR）が42％も減少し、その翌年も全体の減少は維持されていた[79]。

コラム1.3　データを用いて必要とされる実践やサポートを明らかにするポジティブ生徒指導の例

　最近ある小学校で、ポジティブ生徒指導の委員会が、昼休み時間に問題行動が増加していることに気づいた。問題解決に長けた委員会はすぐに、なし得る介入を提案し始めた。校庭での期待行動を再度指導するとか、監視を増やすとか、どちらもリサーチに基づく実践であった。だが、さらにデータを検討したところ、委員会は、校庭で子どもたちが問題を起こしていないことに気づいた。

　専科の教室（図工、音楽、体育）で問題行動が生じていた。そこで委員会は、介入を提案し実施した。教室の担任教師がこれらの教室まで5～10分間つきそって行き、期待行動の復習をしてから退室するようにしたのである。その年の残りの期間では、この引き継ぎの時間においての問題行動は、ほぼ全く生じなかった。

　委員会は(1)データを用いて、いつ、どこでどのような問題が生じているのかを見定める。(2)データを分析して具体的な問題をはっきりさせて、証明されている実践をする（期待行動をもう一度教える）。(3)同僚の専科の教師に了承を得て計画立案の時間を割き、提案された介入を実施できるよう系統的にサポートする。

　この継続的な効果は、研究上の重要な発見である。なぜならこれは、学校の期待を連続的に教え実施するサポート体制を築くことが重要だということを、示しているからである。

　ナカサト（2000）は、また小学校6校においてポジティブ生徒指導を実施した後、有意な減少があったという。スコット（2001）は行動上の軽い違反も、より重大なルール違反や停学も、ともに65％減少したことを示したうえで、ポジティブ生徒指導をより支持するようになった。

　ルイスら（1998）は、ユニバーサルなサポートを教室の外にも拡張した。まず、期待行動が具体的な状況にどのようにあてはまるのかに関して、ソーシャルスキルを指導した。また、予防的な管理の強化も併せて行い、小学校の食堂や廊下、校庭での問題行動を減らすことができることを示した。その後の別の小学校の研究でも、同じ指導と管理を組み合わせることで、3回別々の休憩時間での問題行動を有意に減らすことができた[31]。

　他の研究においても、ユニバーサルなポジティブ生徒指導によって教室外の

場面での問題行動を減らせることが証明されている。これには廊下、バス、校庭が含まれる(4)(21)(36)(55)(82)。

　効果的な指導と学級経営により、子どもの行動が改善できることは、比較的よく知られている。現時点では、学級内でのポジティブ生徒指導の研究が、浮上してきたと言っておくのがよい。しかし、今日までに行われた諸研究は、まさに期待をもたせるものである。

　たとえば、ラングランド、ルイス・パーマー＆スガイ（1998）では、ユニバーサルなサポートの実施と、中学校2校での問題行動の減少とが関連していた。ルイス、ジョンソン＆トラッセル（2004）によれば、小学校の教室で学級ベースのポジティブ生徒指導（たとえば、ルーチンや明白な期待および一貫性などを改善する）を取り入れることによって、行動障害（困難）を持つ子どもの行動が改善した。

　スティッター＆ルイス（2005）もまた、学級でのポジティブ生徒指導の実施と子どもの行動における改善とには、明瞭な関係があると報告している。

　ソーシャルスキルの指導や自己管理、メンター、学業の援助。こうした小グループや目標を絞ったサポートが社会的行動に効果があると、数多くの研究が示している。しかし、学校規模のポジティブ生徒指導では、特に小グループを用いた方法の持つ利点や効果が浮き彫りになってきた。たとえばニューカマーズ＆パワーズ（2002）やパワーズ（2003）は、小グループでのソーシャルスキルプログラムの後で、子どもの問題行動が減少したという。どちらの研究でも示されたのだが、指導スタッフはこのプログラムをもっと多くの子どもに続けていきたい、広げたいと、意欲満々であった。こうしたことは、これまでのソーシャルスキル研究の多くでみられなかったことである。

　ユニバーサルな、そして小グループあるいは目標を絞った介入は、大多数の子どもをサポートするには十分である。しかし、わずかながら、機能的行動アセスメント（FBA）に基づく、より集中的で個別化された支援を必要とする子どももいる。予備的なデータによれば、問題行動の機能に基づいて介入する方が非機能的介入に比べて、問題行動は減少する(17)(47)。また、ユニバーサルなポジティブ生徒指導体制に直結していれば、個別計画はより質が高くなるという(47)。

これまでのところ、就学前での水準では小学校に比べるとポジティブ生徒指導の効果に関する研究はずっと少ない。しかし、今日までの関連する研究は、年長の子どもと同様に期待できるものである。たとえば、ヘッドスタートで行われた研究では、12週間のソーシャルスキル介入を受けた結果、幼児の適応的行動が増加し、問題行動が減少した[60]。他の研究では、ソーシャルスキルを直接指導して、ヒントや賞賛をより多く用いることが、社会的結果と関連していた[70][77]。コビングトン・スミス（2004）は、ユニバーサルな就学前プログラムでのポジティブ生徒指導の基本的な特徴、たとえば、視覚的補助を与えたり、賞賛するなどを低い割合でしか示さなかったヘッドスタートの教師も、限られた技術的援助を受けるだけで利用を増やすことができた。さらに重要なことがある。就学前プログラムでのポジティブ生徒指導のスキルをより多く使ったところ、行動障害（困難）のリスクが高い幼児の行動化と攻撃的行動の割合は、激減したのである。

　コビングトン・スミスの知見は、特に勇気づけられるものである。他の研究でもまた、就学前教育の教師が一貫して就学前プログラムでのポジティブ生徒指導の基本的特徴を実施する重要性を認めていることがわかっている[68]。また、最小限の研修を行うだけで、ほとんどの教師が鍵となる行動サポートをより多く用いるようになるのである[67]。

まとめ

　子どもたちの問題行動を減らし、健全な行動の道筋をつけるのにはどうすればよいか。大切なのは、教師が効果的で体系的な行動サポートの方策をとることだ。

　幼児の教師にとって、特にこれは大切である。初期の経験がしばしば幼稚園でも小学校でも問題行動につながるからである。3年生までにこうした効果的な介入が実施されなければ、初期の行動パターンが、強烈な反社会的行動として慢性化するかもしれないのだ[87]。

　鍵となるのは、教師の持つ教える技術という強みの上に築いていくことである。学校を支えるすべての教職員にとって、ソーシャルスキルを教えるスキルを向

上させるという課題が控えている。もう1つ大切なのは、学校やプログラムが、データを用いて、行動指導のタイプと強みを決めていくこと。そして、その年度を通じて効率的、効果的な方策を実施できる体制を構築することである。

　ポジティブ生徒指導では、サポートの連続帯を通じて、リサーチにより妥当と認められた実践をする。それはデータに基づく意思決定により教師をサポートする体制であり、問題行動を減らすものである。

本書の全体像

　本書では、ポジティブ生徒指導の基本的特徴を詳しく述べる。学校やプログラムでの実施を導く具体的な書式や尺度なども示していく。私たちが共に取り組んできた学校やプログラムは、基本的特徴に基づいて独自のポジティブ生徒指導体制を開発してきた。そうした数多くの事例が示される。研究に基づく実践や、今ある行動上の心配ごとや入手できる資源に基づいて、連続帯のそれぞれの水準で、読者自身が独自の行動サポートを開発していただきたい。単に事例に沿って、そのまま文字通りに読者自身の学校やプログラムにおいて実施するということではないのだ。

　ポジティブ生徒指導はできあいの規律パッケージではない。研究によりはっきりと示されているように、その場に合った独自の状況に対応する効果的な予防、早期介入体制を教師は築く必要がある[11]。

　私たちが共に取り組んできた学校やプログラムには、共通した特徴がみられる。ただ、教える内容や授業の多様さ、その地域の状態や文化に沿って子どもにどう対処するか、などはそれぞれ異なっていた。各水準で取り組む焦点は、それぞれに独自の行動上の問題次第で決めていた。

　ポジティブ生徒指導を構築する上で基本的な「ハウツー」あるいは決定的に重要なステップに加え、うまく実施するにはいくつか重要なテーマや特徴がある。まずは、プロセス全体と必要な体系的サポート、それにポジティブ生徒指導を進める委員会の役割の重要性を理解することである。これらは第2章、第3章において展開される。

　全体の流れを示した後、第4章から第7章では以下の特徴を述べる。

- 適切な行動を教える（第4章）
- 適切な行動をサポートする（第5章）
- 矯正的な指導をする（第6章）
- 意思決定にデータを用いる（第7章）

　最後の第8章で、より強い援助必要性を抱える子どもたちに用いられる小グループや個別支援の概要を述べる。

第2章　体制づくりを支援する

　ポジティブ生徒指導を実践するときの重要な特徴の1つは、好ましい成果を生むための体制に注意を向けることにある。その体制とは、学校環境で子どものために最善の実践をする大人向けの研修や技術的な援助のことである。教師というのは、子どもにとって何が必要なのかに焦点をあてることが多い。そして、「同僚は援助がなくても実践できるスキルや時間があるし、必要な支援も得ている」と思い込んでいる。この思い込みによって、多くの学校では、素晴らしい実践の試みを失敗させてきた。10年以上も前、カウフマン（1993）は、雄弁にも、学校における強固な体制の必要性について、次のように訴えている[22]。「学校が子どものためだけでなく、教師のためにもならなくてはいけない。このことを理解して初めて、教育改革の試みは可能となる。別の言い方をすれば、教師の資質向上を促すことができるようなら、学校は子どもたちの知的、社会的、道徳的な発達を促すのに成功するであろう」。

　教育には長い間、現職教育によって専門的な研修を行ってきた歴史がある。研修では、基本的な指導や学級経営の実践だけでなく、最新の進歩に教育者がついて行けるように援助される。だが、不幸にも、多くの調査研究によれば、学校での実践を変えるうえで、現職教育は役立っていないと指摘されているのだ[12]。

　基本的なことを考えてみる。それは単純な事実であるが、学習と行動を変える鍵は、行動が指導環境に関連しているということだ。過去の学習経験に基づいて、ある場面ではある行動が起こるが、他の場面ではそれが起こらないのである。試みに3学年の教室に入ってみる。州都の名前を子どもが一日中叫んで

いることはないだろう。しかし、同じクラスで社会科の勉強を観察していると、教師が「オレゴンの州都はどこですか」と尋ねた後、子どもが「セイラム」と言うのが聞こえる。「セイラム」と言う発言は、教師が「オレゴンの州都はどこですか」と言う問いかけ（指導環境）に結びついている。

　教師は子どもに「セイラム」と言わせることはできない。きっかけを与えるしかできない。

　過去の学習経験を通して、子どもが質問に正確に答えれば、指導環境の要素としての良い成績や教師による賞賛などにより、ポジティブに強化されることを学んできている。

　教師による一連の促し（指導環境）を通して、子どもは反応を修正し、ポジティブな強化（指導環境）を得る。そこに機能的な関係性ができていく。そして、子どもがある行動をとるように促されるとき、子どもは他の状況でもそのように行動する（正しい州都の名前を言う）と、私たちは期待するのである。

　たいていの指導環境は、様々な背景要因を含む子どもと大人が作りあげる信じられないほど多様な舞台である。子ども個々に異なるレベルの支援が必要だと認めた上で、ポジティブ生徒指導では、すべての子どもにとって良好な成果にその焦点が向けられる。だが、知っておくべきは、教職員もまた、これまでの学習経験次第で、異なるレベルの支援を必要とする個人といえるのである。

　同時に、一貫して、ユニバーサルな視点でしっかり立脚した支援の連続帯が求められる。

　学校がポジティブ生徒指導をうまく実践していく土台として不可欠なことは、行動が指導環境と結びついているとわかったうえで、子どもと大人に対して同時に支援を提供する環境を築くことである。

　共通の期待と明確な教示と承認の実践は、首尾一貫した予測できる指導環境を開発させるための手段である。そうすることで、子どもの適切な行動が増加していく。要するに、ポジティブ生徒指導の過程を通して、教師が築く能動的な指導環境が子どもの適切な社会的行動と結びつくのである。

　大人にとって能動的で支持的な指導環境を学校内で築くために、注意深く目配りをすることが重要となる。実際、大人にとって適切な環境がない状態では、ポジティブ生徒指導は成功しないだろう。それゆえ、本章では、地区や学校、

プログラムでの支持的な指導体制を築く方法に焦点をあてる。まず初めに、ポジティブ生徒指導PBIS を提供する OSEPセンターが薦める、地区、学校、プログラムシステムを築くための基本的な土台について述べ、その後で、いくつかの重要な特徴について述べていく。

州、地区、プログラム別に体制を築く

　ポジティブ生徒指導PBIS（2004）の OSEPセンターは、州や地区、プログラムでのポジティブ生徒指導を組織的に取り組むために、9つの基本的な特徴を挙げている（図表2.1）。最初の基本的な特徴の鍵は、推進委員会を設置することである。理想をいえば、推進委員会は、州や地区、プログラムの代表者からなる。たとえば、地方の委員会は小学校や中学校の管理職、特別支援スペシャリスト、ガイダンスカウンセラー、カリキュラムコーディネーター、専門的な研修コーディネーター、2人か3人の校長や教師である。

　その設置の目的は、計画過程を確認して、委員会の個々のメンバーが総体的なポジティブ生徒指導を効果的に実施できるようにするためである。推進委員会は、成功に向けてさらに8つの特徴に責任を持つ。たとえば、推進委員会の仕事は具体的に、(1)資金獲得、(2)ポジティブ生徒指導を優先させること、(3)ポジティブ生徒指導の効果を評価することにある。

　推進委員会の最も重要なことの1つは、学校、プログラム委員会のために、専門的な研修を計画すること、技術的な援助を進めることである。推進委員会のさらなる鍵は、州や地区、プログラムでのコーディネーターを任命することである。各ステップが計画通りに実行されているか見守っていく鍵を、コーディネーターは握っている。州や地区、プログラムでのコーディネーターの責任の全体像を、図表2.2 は、示している。

取りかかる

　ポジティブ生徒指導の計画を立てて、それを実践し、調整するという課題に、州、地区、プログラムは、しばしば圧倒されてしまうほどである。というのも、

図表2.1 体制の鍵となる特徴

特徴	要点
推進委員会	州や地区でのステークホルダーを代表する。 実施計画を立て、必要なサポートができる体制を整えて、地区や学校、学級がうまくやれるようにする。
調整	推進委員会は、日々の実施状況を見守る人を指名する。
予算の確保	推進委員会は、少なくとも3年間の予算を確保する。
透明性	推進委員会とコーディネーターは、ポジティブ生徒指導の実施計画が州や地区、プログラム、地域に受け入れられるように図る。
施策的サポート	州や地区、プログラムにおいて現存する施策や実施手続きに合うようにポジティブ生徒指導を文章化する。州や地区、プログラム内での優先順位をはっきりさせる。
訓練のキャパシティ	ポジティブ生徒指導に通じたトレーナーがいて、学校やプログラム内の委員会や「指導員」、州や地区、プログラムスタッフのための訓練をすることができる。
指導のキャパシティ	学校やプログラムでは実施を助ける技術的援助が得られる。
デモンストレーション	州や地区、プログラムはポジティブ生徒指導の先進校や典型的プログラムをいくつか例示する。
評価	形成的で、柔軟な評価計画を立てて、ポジティブ生徒指導がもたらす影響を調べる。同時に期待したほど改善ができなかった場合には、次の段階で何を修正すべきか査定する。

出典：OSEPセンター（2004）「SW-PBS：実践家のための青写真と自己査定」オレゴン州ユージーン、著者

図表2.2　ポジティブ生徒指導地区コーディネーター
　　　　役割と責任のサンプル

専門研修
- 今ある委員会に対して、研修の機会をもうける。
- 新しい委員会に対する訓練を援助する。
- 指導員の訓練についての連絡調整をする。
- 関連するセンターやポジティブ生徒指導を実施している州の教育省、地区と連携して、資源バンクを作る（たとえば教材や事例集を作る、ウエブサイトの更新をするなど）。

連携
- 地区内での連携を図る。
- 校長・副校長の会合に出席して、ポジティブ生徒指導の新しい情報を提供する。同時に、学校側が不安や疑問に感じていることを聞きとる。
- 委員会を代表して、地区の計画に対して四半期、年度ごとの報告書を整える。
- 地区のポジティブ生徒指導ハンドブックを製作する。

調整
- 委員会の議事予定表を準備する。
- 学校委員会が行う会合のメモや指導員の業務日誌、その他のリソース類のファイルを維持管理する。
- 地区の指導員と会って問題解決する。
- ポジティブ生徒指導の実施計画と地区の学校改善案とを橋渡しする。
- ポジティブ生徒指導と外部機関（たとえばメンタルヘルス）との連携を図る。
- 実施計画を拡げ、支えるための資金源を探る。

出典：メリーランドPBISから採用し、ミズーリ大学SW-PBSセンターが開発したものである。

他の計画と違って、これは現在の体制や過程に容易に織り込むことができないからだ。大規模な地区や州レベルでの実践を考慮するとき、このことは特にあてはまる。新しい教科書やカリキュラムを導入するのとはわけが違う。ポジティブ生徒指導では、多くの学校が、生徒指導の方法において根本的な変更を迫られる。学校や州をあげて取り組むのである。さらなる違いは、個々の教師や学級を訓練し支援するのでなく、焦点を、プログラムや学校の推進委員会に移すことにある。

　ポジティブ生徒指導の体制を支援する目的は、学校内の問題に専門家を用いるやり方をやめ、代わりに、州や地区、プログラムにおいて、ポジティブ生徒指導の委員会を訓練したり、技術的な援助を与えることで、自ら問題解決ができる力を備えようとする。州や地区は、困難な子どもを抱える教師と一緒に働く行動コンサルタントを送り込むのではない。行動コンサルタントは収集されたデータに基づいて状況を査定し、解決に導く方法を学校委員会に教えて、委員会と協働する。学校委員会に対する訓練や技術的な援助に焦点を移せば、資源はより効果的に活用できる。そして学校委員会は学んだことに基づいてうまく問題を解決し、状況に応じて未来の問題を予防する。つまり、学校は外部の専門家にさほど頼らなくなり、代わりに、校内での専門的技術を蓄積していく。次のステップは、この過程を始める足がかりを提供している。

ステップ１：州や地区のプログラムの代表者から推進委員会を設置する。推進委員会の最初のステップの鍵は、(1)州、地区、地域社会への透明性を高め、(2)ポジティブ生徒指導を最優先事項と明確に宣言し、(3)資金源を確保し、(4)州、地区のプログラムのポジティブ生徒指導コーディネーターをおき、(5)ポジティブ生徒指導の目標や成果が、州や地区、プログラムの目的に描かれ、(6)複数年からなる計画を立てる、ことである。
ステップ２：州や地区あるいはプログラムの任務、推進委員会、校長、教師や親のために、質疑応答を含め１時間の説明会を開く。
ステップ３：学校やプログラムの最初の委員会を選ぶ手続きを考える。最低限、深く関わる学校、校長、管理職が参加するように選ぶ。いずれ代

　　　　　表的な学校群や学校となるように選択する。それゆえ、危機に瀕
　　　　　するような学校は選択されない。進行状況を見守るために、基準
　　　　　となるデータを押さえておくことも重要である。
ステップ4：訓練の計画を立てる。同時並行して、3つの専門的な研修活動が
　　　　　目標となる。⑴指導員の訓練である。この指導員は、州、地区、
　　　　　プログラムにおいて、学校委員会への技術的な援助を行う。⑵学
　　　　　校やプログラム委員会のための訓練である。⑶州、地区のプログ
　　　　　ラムにおけるトレーナーを育てる土台を作る。

学校やプログラムの実践力を生み出す

　専門的な研修と技術的援助はいつも、学校やプログラムの実践力を生みだすのをねらっている。実践力というのは、ポジティブ生徒指導の3つの本質的な要素が円滑に使えることと定義される。それらは、⑴決定するためにデータを用いること、⑵有効性の研究に基づいて子どもを支援すること、⑶行動を支援する連続帯にそって、うまくいく実践を維持させる体制を整えることである。特に、学校委員会が必要とする効果的な実践を行う体制に、注意を払うことである。
　ステップ4でみられるように、学校やプログラムでは、専門的な3段階の研修によって、実践力が磨かれるのである。
　1つ目の特徴は、委員会や指導員を訓練できるように、トレーナーを研修させたり、現在いる専門家を見いだしたりすることにある。
　2つ目は、委員会が、鍵となる特徴を学び、行動計画を開始する学校やプログラム委員会を訓練することである。
　3つ目は、現場で支援を行える指導員を準備するのに焦点を向けることである。

ポジティブ生徒指導のトレーナー

　専門的な研修の最初のレベルで確実にしておくことは、他の2つのレベルの専門研修がポジティブ生徒指導の専門的技術や経験を持った人材によってしっ

かりと確実に提供されることにある。着手するとき、州や地区、プログラムは外部のトレーナーに頼っている。その中で、コーディネーター、指導員、委員会メンバーは、十分な理解と経験を得る。幸運にも、州や地区あるいはプログラムを援助するために、多くの場合、OSEPセンターやオンラインの資源を用いることができる。図表2.3 はトレーナーにとっての最低限の能力が述べられている。

学校やプログラム委員会の訓練

学校やプログラムの訓練で、ユニバーサルな支援の研修を始める十分な情報を、委員会に提供するべきであり、最低限、委員会は、以下のことを把握するべきである。

1．多様なデータ資源を通じて、現在の問題を査定すること
2．現在ある問題行動に置き換わる一揃いの共通な期待を開発すること
3．学校やプログラム規模の期待を教える方策を開発すること
4．子どものスキルの修得を認めていく体制を開発すること
5．データ収集と管理のシステムを実践に役立てること
6．どのような支援を同僚が必要としているかに注目し、その学校に合った実践力を築くことに焦点を当てること

おのおのの内容は、本書のいたるところで、詳しく述べられている。学校委員会がユニバーサルな支援（第4～6章）を実践するようになったら、支援をより必要とする個人を明らかにするルールを作っておく。そして、**教職員を支援する効果的な体制を開発し**（第7～8章）、小集団や個人の行動支援に焦点をあてていく。

教職員はしばしば、研修の形式や期間、タイミングをどうすればよいか、と質問してくる。だが、州、地区、プログラムは、形式通りにやるよりも、ポジティブな成果をもたらすことに集中したほうがよい。個別の学校やプログラムにとって意味のある形で、委員会の訓練をすべきである。同時に、本書や他のポジティブ生徒指導の情報源で提供されている査定を行って、委員会がすんな

図表2.3 指導員、トレーナー、コーディネーターの実践力

実践力レベル	スキルの習得		
	データ	実践	体制
レベル1（指導員）	・様々なデータ収集体制 ・データで問題解決	・ポジティブ生徒指導の鍵となる特徴 ・効果的な指導 ・学級経営 ・どの実践を選択するかを知らせるルール ・モデル学校の例示 ・応用行動分析（ABA）の基本 ・問題行動へのポジティブ生徒指導対応	・会議、委員会の役割 ・校内連絡 ・コンサルテーション ・目標に応じた技術的援助 ・委員会によるユニバーサルレベルの実践の課題分析 ・実践から施策に体系化する
・ユニバーサルレベルの指導に慣れる ・過程を通して委員会を導く（直接的）			
レベル2（指導員・トレーナー）	・研究データ収集ツールの研究（SET） ・個別の子どもの直接観察データの管理	・応用レベルのABA ・機能的な行動アセスメント（FBA） ・ソーシャルスキルの指導	・小集団、個別支援のためのデータによる子どもの分類 ・子ども支援委員会設立を支援する ・小集団実践や個別実践の委員会分析 ・小集団、個別計画を支援するためにユニバーサル体制を適合させる ・他の機関や保護者に相談 ・実践から施策に体系化する
・効果的な学校の設立 ・小集団と個別の指導に慣れる ・学校委員会委員長との仕事（間接的） ・ユニバーサルレベルで委員会を訓練する			
レベル3（コーディネーター）	・地区規模での評価 ・学校内での必要な支援を明らかにする決定規則のデータ ・地区の専門的研修に学校の援助必要性をリンクさせる	・効果的な専門的研修やスキル訓練 ・ポジティブ生徒指導の基本的特徴に対する地区施策の計画立案	・推進委員会の規則、会議 ・連絡 ・専門家や教材の資源 ・実践から施策に体系化する
・多様な学校で取り組む ・全体、個別レベルでの委員会訓練 ・指導員の訓練 ・地区規模での指導体制の構築			

注）ABA＝applied behavior analysis、SET＝school-wide evaluation tool.
出典：ミズーリ大学PBSセンターの好意による。

りと、正確に実施できることが保証されるべきである。

ポジティブ生徒指導の指導員

　ポジティブ生徒指導を成功させるためには、現場で技術的援助ができる学校やプログラムスタッフを育てることが非常に重要である。ポジティブ生徒指導は標準的なカリキュラムでもないし、ひとまとめの実践でもない。数千の学校がポジティブ生徒指導を実践していくための標準過程（期待を教える、支援の連続帯を作る）に従う。だが、それぞれの学校は、資源や地域社会の問題だけでなく、その学校特有の問題に挑むべきである。そのため、州、地区のプログラムは、特に実践の初期段階で、現場で援助できるようにしておくとよい。たいていの州とか地方のプログラムでは、校内、校外の指導員が成長していくことで、これを実現する。校内の指導員は、現在主に子どもの問題行動に対応している人たちが当たる。副校長、ガイダンスカウンセラー、特別支援教師である。校外の指導員はスクールサイコロジスト、行動コンサルタントであり、その多くは複数の学校を掛け持ちしている。校外のPBS指導員はこれまでと明確に異なり、個々の教師や子どもではなく、委員会として取り組むように焦点を移している。もし資金が許すなら、どのレベルでも、指導員を常勤で雇うのが理想である。

　指導員は、ポジティブ生徒指導の本質的な特徴を理解し、問題解決の正しい方向（図表2.3）に委員会が向かっているか把握しておく。図表2.4 はデータ、PBS体制、実践の3要素からなるチェックリストである。指導員は、学校の委員と会うときはいつも、リストを持っているとよい。たとえば、昼食中の所定の手順など、簡単なことを変えるとしよう。最初、委員会は、すでに効果が証明されている実践に頼るべきである。その際指導員はこれまでの研究を伝えることにより、援助すべきである。また、新しい手順を選択する際に大切なことは、提案された実践について仲間から「買い戻し」をすることだ。委員会のメンバーはみな、同僚にフィードバックする目的で、提案されたすべての実践に参加し、手応えを伝えるべきである。委員会はフィードバックを得ることで、買い戻しや支援を獲得していくのである。ひとたび実践や手続きが選択されたなら、指導員はチェックリストの内容に従って、質問をしていく。指導員は委員会に、「食

堂のスタッフには新しい手続きをいつ訓練しますか」、「誰がそれをしますか」などと、簡単な質問に回答できるように考えさせて、支援する。あわせて指導員は、データの測定法や、新しい実践や記録用の手続きを考えるよう、委員会に促すべきである。

　指導員はまた、学校プログラム委員会と、州や地区のコーディネーターの間で推進役として情報を伝え合うべきである。指導員は、専門的な研修、技術的な支援、援助必要性をコーディネーターに知らせるべきである。同様に、指導員は、州や地区からの有用な資源、専門的な研修機会を共有するべきである。指導員は弱点に対処する方法を含めて、評価への取り組みを支援する。指導員のための効果的な専門的研修は、うまくいっているかを見守っておくべきである。しかしながら、最も重要な成果は、いくつかのスキル上の有能さにある。

　総合的にみて、ポジティブ生徒指導では、様々なレベルの専門家集団により、実践が支援される。ここでいう専門家集団とはコーディネーターや推進委員会、トレーナー、個別の学校プログラム委員会、指導員などである。図表2.3 は、おのおのレベルで実践力を育てる能力のリストである。これを用いて、指導員、トレーナー、コーディネーターのスキル発達を導くとよい。

まとめ

　州ならびに地区のプログラムは、同時に、学校やプログラムに対する実践力を築くために必要な体制の支援を充実させるべきである。さらに、州、地区のプログラムを提供する支援は、委員会を通して学校やプログラムでの実践力を築くことに焦点をあてる。地区レベルの実践力の構築では、データ、体制の扱いや実践になれてもらう。特に、実践力を築くためには、うまくやれるために大人の求めに応じて、学校やプログラム内に体制を開発することである。誰にせよ体制に無関心だったり、わかっているだろうという憶測で動いたりすると、たいてい子どもの行動は変えられない。そうなれば、間違いなく教職員が不満を抱えることになる。

図表2.4　ポジティブ生徒指導過程の分析点検リスト

PBS特徴	重要な内容	実施中	実施予定
実践（子どもに何をするか）			
	成果または目標		
	研究の支援		
	技術的な援助を得る		
	利害関係者の声を聞く		
指導体制（大人をどうサポートするか）			
	現在の指導体制を評価する		
	資源を配分、再配分する		
	過程、モデル、書式を開発する（大人用・子ども用）		
	訓練する		
	情報の普及		
	支援を継続する		
	成長の評価過程を開発する		
	肯定的で、指導的なフィードバックを頻繁にする		
データ（どのように意思決定するか）			
	子どもの成果		
	大人の認知		
	指導体制の分析		
	費用と便益		
施策（どのようにして変化を持続させるか）			
	すべての過程を可能にする		
	現在の施策を体系化し、新しい施策を創造する		
	様々な参加者への普及		

出典：ミズーリ大学PBSセンターの好意による。

第3章 委員会を立ち上げ、引っ張る

　ポジティブ生徒指導を実際に始めるときに、その体制を構成するうえで必要不可欠なのが委員会のリーダーシップである。委員会がなければポジティブ生徒指導推進の効果は発揮できない。委員会は学校独自の考えに合わせて、ポジティブ生徒指導の鍵となる原理とその実践を導入する。

　すでに述べたように、ポジティブ生徒指導はカリキュラムではない。だから、どこで、誰に対して鍵となる方法を導入するのか、委員会が決定する責任がある。また、委員会はできる限り頻繁に多くのデータとできる限り多くの情報源を使い、進歩を分析する。この両者は、ポジティブ生徒指導を導入し、それを見守っていくうえで欠かすことができない。導入して1年目から2年目は、この取り組みを重点的に続けることとなる。

　そして、学校と委員会が「たっぷり油がさしてある機械」のように、円滑に機能していると思っていたとしても、進捗を見守るためにはデータを使い続ける。導入の各水準で、委員会は実践向上のために働きかけ、スタッフと子どもを支援する体制を強化し続ける。

　たとえば、導入初年度で委員会は、ユニバーサルな期待行動に焦点を向けることになる。実施5年目ともなれば、委員会は重い問題行動を抱える個々の子どもをサポートするために、地域の外部機関と連携を持つ取り組みをしているかもしれない。

　推進していくにあたって意識しておく必要があるのは、学校を変革したり専門性研修に関係したりするリサーチベースの実践についてである。研究によれば、専門性の研修は、意図的に、継続的に、体系的に行うべきだという[3][12]。

第2章では、委員会の取り組みに必要となる情報を、体系的に述べた。本章では、委員会づくりや初期計画の推進、委員会の仕事分担、議事、進捗をモニターするデータ集積や研修の進め方など、委員会に関連する情報を提供する。

委員会を立ち上げる

　委員会を立ち上げる人は様々である。校長が委員会をつくったり、委員会づくりのきっかけだけを与えることがある。スクールサイコロジスト、あるいは児童行動コンサルタントが立ち上げることもある。管理職がポジティブ生徒指導を推進しない場合でも、その進捗のサポートは管理職が行う。第2章で論じたが、管理上のサポートはきわめて重要な組織上の構成要素である[3][4]。小学校の委員会には、学校の代表者がどうしても必要である。委員会には校長か副校長、教師や親、また問題行動についての専門家が少なくとも一人は必要である。可能ならスクールサイコロジスト、カウンセラー、言語療法士、その他スタッフが関われるようにすべきである。学校それぞれが、適切な人を追加するかどうかを決めることになる。たとえば、体育の教師が職員や子どもたちから慕われているというならば、重要な一員としてスタッフと情報を共有し、導入を進めていく力となるだろう。

　幼児委員会をつくるのは、たいていの場合さらに難しくなる。幼児プログラムは地区を越えた広がりをもち、教室のタイプも多岐にわたっているからである。いくつかの異なるプログラムが相互に働き、スタッフも重なっているかもしれない。たとえば、幼児特別支援教育の中に、タイトルⅠ（貧困層対策）プログラム、または授業料をベースにした幼稚園も入っているかもしれない。

　こうした場合に、プログラム全体にわたる代表者が委員会にいることが重要となる。幼児プログラムは、作業療法士、理学療法士、スクールサイコロジスト、そして言語療法士など、多くの関連サービス提供者が含まれる。理想としては、委員会はプログラムの関連サービスを代表する人物それぞれ一人を含むのがよい。ヘッドスタートプログラムでは、学級に保護司と養祖母を入れるが、就学前プログラムの委員会にこれらの役割を担う代表者を入れることも重要である。

　危機にさらされている子どもや障害（困難）があると判定された子どもを支

援する幼児プログラムでは、子どもやスタッフと関わる多様な専門家が必要となる。そのため、プログラム委員会はかなり大きくなり、20人もの専門家が必要となるかもしれない。

初期の計画推進

　第2章で述べたように、ポジティブ生徒指導を行う学校委員会の訓練は、体制を支援する重要なステップである。初期段階でかなり多くの時間を費やして、学校やプログラムの強みや援助の必要性を分析する。援助必要性の査定が重要な部分である（図表3.1に幼児向けのプログラムでの例を挙げる）。援助必要性の査定で、委員会はポジティブ生徒指導の鍵となる内容とその実施状況について質問に答える。また、ランダムに選んだ教職員あるいは全職員に援助必要性の査定を求め、このデータを用いて計画の立案がなされる。

　導入を急がず、十分な時間をかけ、学校やプログラムの援助必要性を見極めることが肝要である。理想としては、導入初年度で週に1度あるいは隔週を基本に、委員会は可能な限り会議を開くべきである。体制を立ち上げ運営するにあたって、委員会には次のような多くの仕事がある。

- 優先順位と時間枠の決定
- 役割分担と効果的な会議の運営
- 集めるデータ内容の決定
- 専門性研修の支援
- 子どもおよび家族に対するポジティブ生徒指導の説明

優先順位と時間枠を決める

　すでに述べたように、学校が要求するものやプログラムが要求するもの、および計画は、委員会が適宜判断する必要がある。委員会は、3年で目に見える変化がほしいと考えて、3年計画を立案するかもしれない（R. チャンピオン、私信、May 10、2001）。

図表3.1　幼児場面におけるポジティブ生徒指導の評価

1．学校名　_____
2．記入者名と担当名（任意記述）_____
_____
3．学級の人数・担当する件数_____
4．常に問題行動を起こす子どもの推定人数（あらゆる場面で個別支援を必要とする子どものこと）
_____

　この調査は、幼児の教室で先生が使用する行動支援の方法を査定し、指導困難な子どもを支援するため、利用可能なプログラム支援のレベルを査定します。
　この調査から得られた情報を用いて、何ができるのか、何がうまくいっているのか、何を是正する必要があるのかを査定します。
　調査を完成させるために、次の事項に従って記入してください。
・先生ご自身の判断で記入してください。
・左にある項目それぞれについて、まず最初に現在教室で指導している程度（当てはまる、部分的に当てはまる、当てはまらない）を評定してください。
・次に、調査の右側にあるそれぞれの項目に、プログラムが利用可能な程度、または現在サポートが利用できる程度を評定してください。

実施のレベル			項　　目	利用可能なプログラムサポート		
当てはまる	部分的に当てはまる	当てはまらない		当てはまる	部分的に当てはまる	当てはまらない
			1．教室の規則は明確に定義されている。			
			2．規則と期待行動を、教室で直接教えている。			
			3．運動場など教室外の場で、規則や期待行動を教えている。			
			4．子どもが社会的期待行動をとることができる、一連の指導手順がある。			

			5. 期待行動が取れるようにできる手順を、全職員が一貫して実施している。			
			6. 問題行動の自制や矯正のために明確な一連の矯正的指導がある。			
			7. 問題行動を自制させ矯正させる手続きを、全職員が一貫して実施している。			
			8. 子どもが暴れたとき、教師は授業を継続可能とする明確な方法がある。			
			9. 指導困難な子どもが緊急または危機状況に陥ったとき、就学前プログラムからの援助が得られる。			
			10. 教室での行動をサポートするため、教師を定期的に援助する機会（たとえば、観察や指導方法、指導員）が就学前プログラムから利用可能となっている。			
			11. 教室で効果的な教育方法が使われている（例：多くの子どもが取り組んでいる。高度に的確なスキルを示す）。			
			12. 教室では効果的な就学前カリキュラムが用いられている。			
			13. 子どもの発達的援助の必要性に合わせている。			
			14. 通常での行動マネージメントに反応しない子どもを見分ける方法がある。			

3年から5年後に効果を上げている委員会では、この本で示した中核的な方法はすべて導入し終えているだろう。しかしながら、ある委員会では、適切な行動の教育支援（第4章と第5章）を導入する前に、一貫性のある矯正的指導の導入（第6章）に焦点を絞るかもしれない。委員会によっては、1、2年をユニバーサルな期待行動の作成に焦点を絞って、さらに支援が必要とする子どもを援助するまでには3年間かかるかもしれない（第8章）。ある委員会は1年間話し合って計画を立て、次年度から実施するかもしれない。

　図表3.2 の事例は、ある小学校が5年間にわたってポジティブ生徒指導の鍵となる内容を実施したものである。

　かなり多くの実施内容と支援すべき系統的な内容があったが、優先順位を決めておいたため、委員会は迷わず前に進むことができた。幼児プログラムの指導内容を査定したまとめが図表3.3 である。まとめには、強みと援助必要性、検討事項を明示した。この委員会では、会議を開き結果を話し合い、危急の案件として指導困難な子どもの行動を最優先の課題とすることとした。

　優先順位を決める際には、ポジティブ生徒指導の鍵となる内容に関連する援助必要性の査定に加え、スタッフや子ども、家族から情報を集めるとよい。そのためには、アンケートを作り、子どもやスタッフ、家族にランダムに配布することである。もし資源が許すならば、多くの代表グループに配布するのがよい。

　さらに委員会は面接をすることもできる。

　もしスタッフが優先順位の決定に関わるならば、必要なスキルを意欲的に習得する可能性が高くなり、さらに専門性の向上に関わっていくようになる[14]。優先順位が決まれば委員会は次に的を絞り、変化を引き起こす行動計画を立て具体策を考案する。全体的に、委員会は「大きく考え小さく始める」ことを忘れないことが肝要である[44]。また委員会は、目的を達成するため組織的に動く必要がある。そのためには、メンバーを特定の役割に割り当て、会議の時間を上手に使うことである。

第3章 委員会を立ち上げ、引っ張る

図表3.2 小学校5年間のポジティブ生徒指導導入計画の事例

ホール・フェリー小学校				
1年目	2年目	3年目	4年目	5年目
ハイタッチのアプローチ ― 全校のソーシャルスキル指導 データの一括管理システム 学校内での期待行動や手順のビデオ作成 カフェテリアでの手順と練習				
	運動場での手順と練習 トイレでの期待行動と手順のビデオ作成 室内での休み時間の期待行動と手順のビデオ作成			
	新入生クラブ 学習技能・宿題のサポート			
		ソーシャルスキル・クラブ		
		機能的行動評価トレーニング 指導員トレーニング		
		説明会	メンター制度 チャンピオン劇場	
			地区規模 Web ベースデータシステム 地区レベル推進委員会 地区レベル共同委員会 地区規模ネットワーキング体制	
				教室 バスでの期待行動
				機能ベースの子ども支援委員会

- ユニバーサルな全校体制
- 第二次あるいは特定グループを対象
- 第三次あるいは個別の子ども
- 地区レベルの体制

図表3.3　幼児のPBS援助必要性の評価のまとめ

1．主な強みを列挙する
  a. 個々の子どもの発達上の援助必要性の調整
  b. 教室の規則の明確な定義
  c. 教室での効果的な指導実践

2．改善したい主な領域を列挙する
  a. 通常行っている行動への指導では対処できない子どもを判別する方策が取られている。
  b. 慢性的な問題行動を持っている子どもを援助する各種の小集団指導法がある。
  c. 問題行動を自制させ矯正させる手続きを、全スタッフが首尾一貫して実行している。

3．その他の検討事項
  a. 問題行動を自制させ矯正させる一連の明確な矯正的指導がある。
  b. 期待される社会的行動を子どもが取れるようになる一連の方法がある。
  c. すべてのスタッフが期待される行動を促す一貫した指導を行う手順がある。
  d. 個別の行動計画に、家族や地域の人が関わっている。

4．最も改善したい領域を示す
  a. 緊急事態あるいは危機状態にある困難な子どもを指導するとき、就学前プログラムの援助が得られる。

役割の分担と効果的な会議の運営

　委員会は機能的、効果的であることが重要である。それには会議の推進をサポートする係や、次の会議までの仕事をサポートする係をメンバーに割り当てるべきである。最も一般的な役割と責任は次のようになる。

- 進行役―委員会の会議で討議を焦点化し、前向きで建設的な進行を担う。また、会議の議事次第を作成し、次の会議までに委員の任務に対してフォローアップを行う。
- 記録係―会議ではノートをとり、記録をメンバーに配布する責任を持つ。
- 計時係―割り当てられた時間内で一定の内容を発言するように意識を持た

せる責任を持つ。この係は、論議を元に戻したり要約したりする。計時係と進行役は会議を焦点化し、すべての議題を話し合えるように努力する。
- 連絡係──スタッフや家族・子どもに、随時委員会の会議結果、プログラム、学校の主要優先事項、到達目標などを伝える責任を持つ。また、スタッフにうまくいっている所を伝えたり、導入の手本を提供することもある。連絡方法には、面談や掲示板での連絡、ニューズレターの記載記事、学校の会議での説明などがある。大規模な学校やプログラムでは、連絡係は数人となる。
- データベース管理者──データを入力して分析し、委員会に提出する責任を持つ。エクセルなどデータ管理プログラムに精通して、データ管理にかかる時間をいとわない人がよい。第7章ではデータベース管理者の役割を詳しく述べる。

　委員会は「応援団」あるいは記録保管係を含む、別の役割と責任を分担するかもしれない（図表3.4）。

　効率的に会議を進めるもう１つの方法は、課題をタイムリーかつ明確にする議事を組み立てることである。図表3.5 と図表3.6 は、会議を効果的に進めるために使うテンプレートである。テンプレートを使って、特定の議題を割り当てる時間と会議前にあらかじめ立てた計画を統一的に構造化できる。進行係や計時係、記録係にとって間違いなく役立つだろう。また図表3.5 の一番下の表は、進行係が次の会議までの課題をフォローアップするためのものである。図表3.6 の最後にある「宝石箱」セクションは、委員会が議題に集中している間、斬新な考え、後で深める必要のある論点を知らせるためには、大変よい方法となっている[90]。

集めるデータの内容を決める

　ポジティブ生徒指導を始めてからは、学校やプログラムの進捗を委員会が見守る必要がある。
　データの収集や収集可能データのタイプ、意思決定のデータの使用に到る全

図表3.4 委員会の役割と責務

役　割	責　務
議長あるいは進行係	・議題を協議する ・会議を進める ・与えられた課題のフォローアップ ・スタッフと他の委員会からの意見聴取
記録係あるいは書記役	・議事録をとる ・委員会メンバーに対する時間配分 ・委員会メンバーに会議時間・場所の通知あるいは意識化
データベース管理者	・前月のデータの要約 ・標準データ更新の提示（たとえば、ODR） ・懸案事項に必要なデータの要約（例：カフェテリアでの新しい規則を設けた効果）
連絡係	・進捗状況やデータに基づいた成果をスタッフに報告する ・ニューズレター、広報、教師休憩室掲示板の作成と保守スタッフとの連絡方法の管理 ・目標の掲示
計時係あるいは行程の監督	・協議時間と議題のモニターを行う ・焦点化と進捗を維持する ・開始・終了時間のモニターを行う ・案件の審議延期または決議を行う
委員会応援係	・月ごとにスタッフへ応援のメモやお菓子を配布する ・スタッフの表彰・認証のあり方を考案する ・スタッフがポジティブ生徒指導の推進を支えている努力を常に評価する（職員のメールボックスに評価メモを入れる）
委員会記録保管係	・委員会が作成したデータベースの保守（例：システムツール、書式、データ収集書式）と、定期的にデータベースのバックアップを行う ・作成物の更新または編集、配布活動 ・委員会がアクセス可能な電子アーカイブの作成

出典：ミズーリ大学PBSセンターにより開発されたものに基づく。

第3章　委員会を立ち上げ、引っ張る

図表3.5　幼児委員会会議書式の見本

委員会会議　議題

委員会：＿＿＿＿＿＿＿＿＿＿　日時：＿＿＿＿＿＿＿＿＿＿

項　目	内　容	報告者	時　間
重要事項			
連　絡			
委員会			
定　義			
指　導			
フィードバックの実行			
逸脱行動への対応			
データ			
この1ヶ月で取り組む内容		担　当	日　程

出典：ミズーリ大学PBSセンターにより開発されたもの。

図表3.6　小学校での基本的な委員会会議書式の２つの見本

見本１：委員会の会議　議題

委員会：＿＿＿＿＿＿＿＿＿＿　日時：＿＿＿＿＿＿＿＿＿＿

| 委員会目標と基準 | | | | 1分 |
挨　拶				4分
基本項目		課　題	報告者	時　間
	重要事項			
	連絡			
	委員会			
	定　義			
	指　導			
	フィードバックの実行			
	逸脱行動への対応			
	データ			
会議骨子の要約				2分

第3章　委員会を立ち上げ、引っ張る

見本2：委員会の会議　議題
＜ここに学校名を入れてください＞

来月までにしておく課題	誰が	予　定
A．委員会に次のことを報告すること	委員会メンバー	この週に！
1. 2. 3. 4.		
B．		
C．		
D．		

すばらしいアイデア用の「宝石箱」
1.
2.
3.
4.
5.

copyright　2008　Corwin　Press

体的な手続きは第7章で説明する。

専門性の研修

　ポジティブ生徒指導を効果的にするためには、まず大人から行動を変えなくてはならない。専門性向上研究によると、一定以上の数の教師が取り組んで初めてうまくいくといわれる[3]。具体的には、専門家によると、成功を収めるためには学校やプログラムでの取り組みを推進しようとする教師が75％必要だという[44]。これは大変な仕事である。学校やプログラム体制の変革で、管理職と委員会の最も大切な仕事の1つは、変革する文化を創り出すことにある。こういう文化を支える重要な第一歩を踏み出すためには、研修が欠かせない。

　すでに述べたように、完全にポジティブ生徒指導ができるようになるには概して3年から5年を要する。学校やプログラムが変化プロセスのどこにあるのかで研修活動は異なる。専門性研修に関する研究によると、次の4つの段階で変化が起きてくるという[44]。

1．意識
2．初期導入と技能の確立
3．完全実施
4．技能と実践の制度化

　これらの段階を通して成果を得るように、専門性研修（professional development：PD）を継続し推進する必要がある。ホーリー＆バリ（1999）によると、「標準的な子どもの学習や行動様式が目標とどのように異なっているかを分析することで、専門性の研修が図られるという[14]。このような分析を行うことで、教師が何をしたいかというより、何を学ぶべきかが見えてくる。つまり、より子どもの目線での専門性研修が図られることとなり、専門性研修のための資源を使うことで公的な信頼も増していく[44]。専門性の研修によって、望む結果を子どもに定着させる必要がある。しかし、スタッフはポジティブ生徒指導の鍵となる方法を学ぶためにも、サポートの仕方を取捨選択する必要がある。こ

のような選択には、次のようなものがある[3][44][84]。

- 学習者の要求に応じて様々な方法を使った多人数でのプレゼンテーションとトレーニング（例：講義、討論、セミナー、ロールプレイ）。
- ピアコーチング（スタッフ同士の相互指導）を実施し、スタッフはお互いに観察とフィードバックを行う。このような指導はたとえば、事前矯正使用の増加、行動に特化した賞賛などのように、専門性の研修（PD）のための特別な目標にしっかり結びついている。トレーナーのように、ポジティブ生徒指導におけるエキスパートは指導員としても働きかけることができる。指導員は、サポートに的を絞り指導内容の汎用点検リストを使う（図表 3.7）。
- 優れたメンターを同僚に割り当て、変化をサポートする。優れたメンターは、ポジティブ生徒指導の原理に精通した熟練教師である。あるいは委員会のメンバーでもよい。
- 一人一人の研修目標と向上プラン。これらはスタッフの年度評価の一部となる。スタッフはポジティブ生徒指導に関連する領域に目標を定め、成果データの収集方法を決定し、専門性研修促進のために必要な資源を見つける。研修成果を評価し、期待した結果に結びついているかを判断することは欠かせないことである。

R. チャンピオン（私信、May 10、2001）によれば、PD を効果的に評価するためには、委員会は次のことをすべきであるという。

- 明確に展望を持って他の PD 活動（たとえば、意識化）を行うこと。
- PD 活動を計画するときには、PD 評価をする収集可能なデータを決定すること。
- 大人と子どもにインパクトを与える PD をさらに完全な形に描くためにも、客観的、主観的なデータ資源を使うこと。
- 評価結果を公表すること。
- PD 改善のため、データがどのように使われるか全員が周知しておくこと。

図表3.7　サンプル：ユニバーサルな教室調査票

教室：　　　　　　　　　　時間：
観察者：　　　　　　　　　目標 あるいは 対象：

次の尺度を使ってそれぞれの項目を評価してください：1＝一貫性がない、または予測不可能　5＝一貫しており予測可能である	1	2	3	4	5
Ⅰ．場所　教材の利用しやすい場所が用意されているか。					
・ワークセンターの所在が明確で、指導との対応がとれている。	1	2	3	4	5
・同僚同士で体がぶつからない通路があって、教師が動きやすいようになっている。	1	2	3	4	5
Ⅱ．子どもの注意の獲得・維持　教師は指導前に、子どもの注目を集めているか。					
・授業中、一貫して明確に注意を引きつける合図が用いられている。	1	2	3	4	5
・教師は子どもが課題に注意を引きつけ、維持し、また注意を引き戻す様々なテクニックを使っている。	1	2	3	4	5
Ⅲ．時間の使い方　教師は子どもの注意を引きつけ維持し、注目を引き戻すため、授業に入る合図や教材を使っているか。					
・教材を用意し準備ができている。	1	2	3	4	5
・事前矯正を次の課題に移る前に使っている。	1	2	3	4	5
・よくある妨害の発生をあらかじめ予想して、一貫した手続きで対処されている。	1	2	3	4	5
・授業へ戻ることを重視し、予想外の妨害行為を最低限にしている。	1	2	3	4	5
・子どもは自分の課題によく集中している。	1	2	3	4	5
・空白時間（移動を含めて）を最小にしている。	1	2	3	4	5
Ⅳ．行動管理　教師はユニバーサルなPBS体制を使うようにしているか。					
・ルールは掲示されている。	1	2	3	4	5
・ルールを適時参照している。	1	2	3	4	5
・子どもがルールに従ったとき、声をかけて褒めている。	1	2	3	4	5
・肯定的言葉がけと否定的言葉がけは4対1の割合を保っている。	1	2	3	4	5
・期待行動を促すよう指導を続けている。	1	2	3	4	5
・授業中、積極的な机間巡視（動いたり、見て回る）が行われている。	1	2	3	4	5
・規則や期待を再説明し、代わりとなる適切な代替行動を伝えることで矯正がなされる。	1	2	3	4	5
・不適切な行動を自制できるように、一連の矯正的な指導がなされる。	1	2	3	4	5
Ⅴ．手順の使用　教師が首尾一貫して従う明白な手順があるか。					
・授業始め。	1	2	3	4	5
・グループで取り組む。	1	2	3	4	5

・個人で取り組む。	1	2	3	4	5
・特別な行事（映画、集会、軽食、パーティー）。	1	2	3	4	5
・教材・用品の確保。	1	2	3	4	5
・機器の使用（たとえばコンピューターやテープレコーダー）。	1	2	3	4	5
・宿題や他の課題の管理。	1	2	3	4	5
・個人の所有物（たとえば、コート、帽子、バックパック）。	1	2	3	4	5
・教室の出入り（たとえば、授業中のトイレ、水飲み、図書室の利用）。	1	2	3	4	5
Ⅵ．カリキュラムや内容、提示　教師は効果的な指導法を用いているか。					
・先行オーガナイザーを授業の導入に用いている（新しい内容を以前の内容と結び付けたり、指導内容のプレビューを行う）。	1	2	3	4	5
・子どものレベルに合った内容が示されて、集中した学習が実現している。	1	2	3	4	5
・理解できているか常にチェックしている。	1	2	3	4	5
・子どもの現在・過去の技量に基づき授業集中を図っている。	1	2	3	4	5
・学習内容を追求できる機会を頻繁に作っている。	1	2	3	4	5
・指示直後に待ち時間を置いている。	1	2	3	4	5
・課題は割り当てられた時間内で完了することができる。	1	2	3	4	5
・課題完了のための明確な設定・指示を与えている。	1	2	3	4	5
・フォローアップの手順（たとえば、宿題）が話し合われている。	1	2	3	4	5
・学習目的を達した人数を覚えているか、ノートに記録している。	1	2	3	4	5
・課題ができなかった子どもをフォローアップする計画を立てている。	1	2	3	4	5
・次回の学習では何をするかの計画を立てている。	1	2	3	4	5

教室へのユニバーサルなPBS実践の改善余地や強みを、教室での観察により総括してください。

範　囲	進歩の余地あり（得点1～3）	強み（得点4～5）
物理的空間の使用		
子どもの注目を集める、あるいは維持する		
時間の利用		
行動管理		
決まった手順の使用		
カリキュラム、内容、提示		

子どもと同じように教師・スタッフによっては苦闘するだろう。そこで鍵となる方法を使うサポートが必要となる。これらの人には、さらに多くのサポートや実践を提供することが肝要である。すでに述べたように、優れた助言者や、指導員、PDを使って、スタッフの苦闘を支援する[3]。

社会的行動に働きかける伝統的な事後対応的アプローチは、ポジティブ生徒指導とかなり異なっている。だから、この新方式の導入に難色を示す教職員もいると予想される。そこで委員会は、実施プランと様々なオプションを備えて、苦闘するスタッフを支援すべきである。次に１つの例を示す。

ミラー先生が事前矯正を学ぶ

パーク小学校の委員会は、２年生の担任全員のODRのデータを見ています。２カ月の間で、２年生全体では他の学年と比べて２倍のODRを受けています。より詳しく調べてみると、１人の教師が同学年の教師とは異なっていることがわかりました。そこで、委員会はミラー先生を観察するため、トレーナーを送ることにしました。

トレーナーは「ミラー先生のODRの数値が高いと報告されましたので、支援に参りました」と伝えました。週３回出向くことになったトレーナーは、問題に気づきました。ミラー先生は、読み書きや小集団学習の中で子どもたちが異なる状況に移るとき、その準備をさせるのに、合図や誘導（事前矯正）をせず、再指示と叱責を多く使っていました。

トレーナーは、観察したことを話し合い、ミラー先生とトレーナーは目標を事前矯正に設定し、誘導と合図を増やすことにしました。２人は異なる状況でも、これに似たことを練習しました。

トレーナーはミラー先生に、「来週、私が別の場面で誘導や合図をお見せしましょうか、それとも、別の２年生の先生が事前矯正的な言葉がけをたくさん使っているところを観察されますか」と尋ねました。ミラー先生は、翌週自分の教室でトレーナーの示範を受け入れ、目標行動を示範する時間と場面を設定しました。

教師が変わっていくもう１つの援助方法は、子どもたちに行った新しい方法で効果を上げているところを、教師に見てもらうことである[3]。実際、研究結果では、教師がリサーチベースの実践を続ける最も共通していることの１つが、実践と子どもたちの学習との関連が目に見えることだという[25]。実践によって子どもが伸びると期待すれば、多くの教師が意欲的に学び実践できるだろう。とは言うものの、人によってはこの実践を充分に納得させる前に、子どもがよくなっている事実を見ることが必要だという。そこで、苦闘する教師の専門性を向上させるには、教師が鍵となる方法を使いこなした後も、子どものデータを集めることが必要である（たとえば、直接観察あるいはODR）。子どもの行動の問題をとらえ、解決に目標を定め、データを集めるといった方法がしだいにわかってくると、教室での問題解決の力が徐々についてきた、と感じていくはずである[3]。

　ある幼児プログラムの別の支援方法では、特別な教育を導入する前に、教師が幼児の行動をサポートするのに必要な条件を考えてもらうというのがある。図表3.8は教師が特別な支援が必要だと思う幼児について、作っておかなければならない質問項目である。これは委託過程での「煩雑な事務的手続き」を意図しているのではなく、むしろ教師に熟考を促す活動となる。この書式を記入する際に、教師は学級の規則、用いてきた教え方、それを再検討した時期、事前矯正と矯正的な指導の使い方をよく考える必要がある。

教職員や家族にポジティブ生徒指導を説明する

　委員会のもう１つの任務は、スタッフや家族、子どもたちにしっかりとその原理や実践について説明していくことである。導入の初年度にポジティブ生徒指導を理解促進してもらうにあたって、委員会は複数の目標を掲げているかもしれない。このサポート体制を進めることが簡単なのか難しいのか、その１つが学校の文化またはプログラム次第だと気づくだろう。たとえば、同時期に教育課程と授業の刷新に取り組み始めているプログラムでは、就学前のポジティブ生徒指導の推進は難しいかもしれない。教師たちが強い信念を持っていて、適切な行動を支援する仕組みを使うことに反対するかもしれない[3]。このよ

図表3.8　行動コンサルタント支援依頼サンプル

社会的、感情的、行動的サポートの依頼

この6カ月間のうちにあなたの教室から誰かを委託し、そのときこのページに記入していたなら、どのファイルの中にその情報があるのかをここにメモしてください。その内容はこのページには記載しないでください。

学級の規則を書き出してください：

_____　_____
_____　_____
_____　_____

どのようにこれらの規則を子どもたちに教えていましたか。
_____
_____

いつあるいはどのようにして子どもたちと規則を振り返りましたか。
_____

周りにいる他の大人たち（援助者、スペシャリスト、代理教師）に、どのようにしてこの規則を周知しましたか。
_____
_____

あなたが教室で行ったある具体的な行動に対する矯正的指導の事例を書いてください：
_____
_____
_____

ある具体的な活動での期待行動を、どのように子どもたちに教えていますか。事例を書いてください（事前矯正）：
_____
_____
_____

第3章 委員会を立ち上げ、引っ張る

行動に関する保護者の関与、懇談会　　　　（懇談会の要約コピー）：
_____
_____
_____

この委託について保護者との接触の日付_____保護者のコメント_____
_____
_____

保護者の名前_____

保護者の電話番号：_____仕事_____

住所：_____
_____

この書式について質問があれば、_____に連絡をしてください。

次の書式を_____に渡してください：

幼児行動コンサルタント　　　　　　―社会的、感情的、行動的なサポート依頼
幼児特別支援教育　　　　　　　　　―情報の開示
　　　　　　　　　　　　　　　　　―保護者、教師の話し合いの要約
　　　　　　　　　　　　　　　　　―案件のコピー
　　　　　　　　　　　　　　　　　―行動観察、チャートのコピー
　　　　　　　　　　　　　　　　　―当日の予定時間

copyright　2008　Corwin　Press

うな場合には、子どもたちの学習と発達に関して、ポジティブ生徒指導の原理とその実践が教師たちの信念とも合致するのだと理解できるように、支援しなくてはならない。

　こうした努力を支援するためには、1人あるいは数人を調整の要として配置するのがよい。

　具体的な働きかけは、次のようなものである。

- ポジティブ生徒指導の紹介や具体的な実践の様子を、手紙で家庭に紹介する。
- 学校および教室にポスターを貼って、鍵となる原理や実践を絵や言葉で示す。
- 夜間に行われるPTAの会合のとき、あるいは夜の家庭訪問でポジティブ生徒指導を話し合う。
- スタッフとの会議では、ポジティブ生徒指導の見直しや質疑応答を標準議事項目とする。
- 事例や最新情報、よくある質問とその応答などのファクトシートや会報をつくり、教師休憩室で配布する。

　図表3.9は、鍵となる2つの特徴(案件レポートを通しての子どもの行動、ならびに適切な社会的行動の指導などに関するデータ収集)を持ったプログラムを推進していくことを説明するために家族に送った手紙の一例である。どんな心配ごとでも、話し合ったり質問に答えることができるように、委員会に1人から2人の係を作っておくことが重要となる。

まとめ

　教育研究と実践とで乖離が生じてしまうことがある。これは、リサーチベースの実践と学校現場の状況とが、時にかみ合わなくなるのが一因である[10]。研究に基づいて新しい実践をするには、努力と時間が必要なのは明らかである。委員会がポジティブ生徒指導を導入しようとする努力は、リサーチベースでの

郵便はがき

101-8796

537

料金受取人払郵便

神田局承認

7451

差出有効期間
2021年7月
31日まで

切手を貼らずに
お出し下さい。

【 受 取 人 】

東京都千代田区外神田6-9-5

株式会社 **明石書店** 読者通信係 行

お買い上げ、ありがとうございました。
今後の出版物の参考といたしたく、ご記入、ご投函いただければ幸いに存じます。

ふりがな		年齢	性別
お名前			

ご住所 〒   -

TEL   (   )   FAX   (   )

メールアドレス	ご職業（または学校名）

図書目録のご希望	*ジャンル別などのご案内（不定期）のご希望
□ある □ない	□ある：ジャンル（ ） □ない

書籍のタイトル

◆本書を何でお知りになりましたか？
　　□新聞・雑誌の広告……掲載紙誌名[　　　　　　　　　　　　　　　　　　]
　　□書評・紹介記事……掲載紙誌名[　　　　　　　　　　　　　　　　　　]
　　□店頭で　　□知人のすすめ　　□弊社からの案内　　□弊社ホームページ
　　□ネット書店 [　　　　　　　　　]　□その他 [　　　　　　　　　　　　]
◆本書についてのご意見・ご感想
　　■定　　　価　　　□安い（満足）　□ほどほど　　□高い（不満）
　　■カバーデザイン　□良い　　　　　□ふつう　　　□悪い・ふさわしくない
　　■内　　　容　　　□良い　　　　　□ふつう　　　□期待はずれ
　　■その他お気づきの点、ご質問、ご感想など、ご自由にお書き下さい。

◆本書をお買い上げの書店
　[　　　　　　　　市・区・町・村　　　　　　　書店　　　　　　　　店]
◆今後どのような書籍をお望みですか？
　今関心をお持ちのテーマ・人・ジャンル、また翻訳希望の本など、何でもお書き下さい。

◆ご購読紙　(1)朝日　(2)読売　(3)毎日　(4)日経　(5)その他[　　　　　新聞]
◆定期ご購読の雑誌 [　　　　　　　　　　　　　　　　　　　　　　　　　]

ご協力ありがとうございました。
ご意見などを弊社ホームページなどでご紹介させていただくことがあります。　□諾　□否

◆ご 注 文 書◆　このハガキで弊社刊行物をご注文いただけます。
　□ご指定の書店でお受取り……下欄に書店名と所在地域、わかれば電話番号をご記入下さい。
　□代金引換郵便にてお受取り…送料＋手数料として300円かかります（表記ご住所宛のみ）。

書名		
		冊
書名		
		冊
ご指定の書店・支店名	書店の所在地域	
	都・道 府・県	市・区 町・村
	書店の電話番号　（　　　）	

図表3.9　就学前ポジティブ生徒指導の話題に関する保護者への手紙サンプル

就学前ポジティブ生徒指導

保護者様へ

＿＿＿＿＿＿＿＿＿＿＿＿＿＿＿は、幼児プログラムのポジティブ生徒指導体制を開発中です。これは未就学の子どもに社会性を教え、学校で起こす困った行動を抑え対処する、初期介入の予防的な指導です。

　このプログラム内容の1つに、添付の行動記録届けがあります。この届けの主な目的はデータを集めることです。このデータがあれば、お子様の教室で使う介入と方策に焦点を合わせることができます。何かが起こったときには、保護者の方に案件のコピーをお届けします。もちろんほんの少しでも気になることがあれば教師は取り組みます。書式の上端に案件番号が振られていることにお気付きになると思います。この番号によって、行動に困難をきたしている特別な子どもの経過を追跡することができ、この子どもの成功をサポートする計画作成の手がかりとなります。

　ポジティブ生徒指導の2つ目の内容は、就学前のソーシャル・スキルに常に焦点をあて続けることです。それぞれ教室では、1年を通して遊び、絵本、ゲーム、ロールプレイング、そしてその他の活動を通して、次のようなことに目を向けています……友だちづくり、規則遵守、対立解決、思いやり、仲良くすること、自尊心、そして教室技能の育成です。

　それぞれの授業については、担任から連絡します。ご質問やご意見がおありでしたら気兼ねなく、担任に相談されるか、幼児行動コンサルタント（＿＿＿＿＿＿＿＿＿＿＿＿＿＿）をお呼びください。皆様からのお声を歓迎いたします！

　就学前ポジティブ生徒指導委員会

実践を推進する試みなのである。

　組織的な導入を行い、努力の成果を見守っていく。そして、各ステップで学校独自の文化やプログラムに配慮していく。これらは委員会次第となる。

ポジティブ生徒指導には１つ１つ鍵となる方法があり、それらを構造化して発展させていく責任が委員会にはあるのである。

第4章 期待行動を教える

　ポジティブ生徒指導では、すべての子どもに、望ましい適切な行動が教えられる。これは先取り的なやり方であり、好ましくない問題行動が起きたことへのこれまでの即応的なやり方とは、著しく対照的である[72][87]。

　これまでは起きたことへの即応的なやり方が広く受け入れられてきた。というのも、子どもは、多くの場合、学校でうまくいくソーシャルスキルをすでに持って学校に来るように期待されているからである[66]。少しの支援や指導をすれば、ソーシャルスキルを持たない子どもでも、すぐに学習すると思い込んでいるのだ。しかし、友だちに親切であるようにと言われるとき、子どもにとっては社会的概念（友だちに親切にする）が、行動（よい行動をする、教材を交代で使う）に繋がっていないかもしれない。また、子どもの過去の経験によっては、否定的な社会的行動（かんしゃく、攻撃、泣くこと）が強化されてきている場合もある。これまでは入学時に、適切でない行動をとらないようにしてくることが期待されている。だが、その代わりに何をすべきかを学ばせる支援や指導はほとんどなかった。これまでの学校は、社会的発達のための支援を子どもたちに提供してこなかったのである。

　一方、ポジティブ生徒指導の実践校では、入学時に完璧なソーシャルスキルを身につけていることが期待されていない。自主的に学んでいくものだとも、期待されていない。問題行動を予防するためにユニバーサルな支援方策を設定することが、ポジティブ生徒指導の出発点である。ユニバーサルな支援方策には、ユニバーサルな期待行動が含まれている。子どもたちには、様々な学校事態で、期待される具体的な社会的行動が教えられる。期待される望ましいソー

シャルスキルは、学校やプログラムの期待行動にそったかたちで教えられる。

　本章では、就学前や小学校での事例を通して、望まれる期待行動が採用される過程や、具体的な行動を教える過程を述べていく。

期待行動を選んでみよう

　委員会の最初の課題は、望まれる期待行動を選ぶことにある。期待行動とは、いろいろな学校場面で期待される望ましい社会的行動を表す専門的な用語である。たとえば、期待行動の1つは、「尊重する」であり、学校内で尊重を表すすべての社会的行動を述べるために用いられる。尊重を表す行動は次のようなものである。

- 穏やかな声の調子で話す
- 「どうぞ」、「ありがとう」を使う
- 指示を聞く
- 他の人が話しているときは、話を聞く
- 分かち合う
- 並んで待つ
- 友だちを助ける
- 先生を助ける

　小学校では肯定的に表明された期待行動を6つほど選ぶ。委員会は他の学校のものを参考にしたりして、自分たちの学校に合ったものを決める。教職員に尋ねたりして、自分たちの学校や幼児プログラムの独自な文化にそった期待行動を選ぶことが大切である。図表4.1は、小学校の期待行動の例である。

　就学前プログラムでは、3つほどの期待を選ぶ。発達的に見て幼児にふさわしい言葉を用いる。ある就学前プログラムでは「自分に、友だちに、学校に気を配る」という単純な期待が選ばれていた。他の就学前プログラムでは、「安全に過ごす」、「親切にする」、「責任を果たす」などの期待行動が設定されていた。

　「親切にする」の期待は、年上の子どもに対して示すような尊重と同じもの

第4章　期待行動を教える

図表4.1　期待行動の例

```
安全に過ごす
尊重する
学ぶ人になる


5つの期待
  親切
  安全
  平和
  責任
  尊重

              スター（STARR）生徒の誓い


安全に過ごす          Safe
頑張る              Try hard
勉強を成し遂げる        Achieve
尊重する             Respectful
責任を果たす           Responsible
いつもスター（STARR）であれ！
```

を含む。「安全に過ごす」は、子どもが理解しやすい。というのも、ストレスを受ける行動は、安全に関わることが多いからである。多くの就学前プログラムでは、子どもと一緒に、「安全に過ごす」、「親切にする」を強調して選んでいる。そして、子どもが幼稚園への入園が近付くにつれて、「責任を果たす」に関係のある行動を教えることになる。

　幼稚園への入園を援助するとき、ポジティブ生徒指導を実践する小学校へ進むかどうかを考えておくべきである。就学前プログラムでは、できればその校区の小学校で使われている期待を選んでおきたい。たとえば、これから入学する小学校の期待が「責任を果たす」であれば、就学前プログラムでも「責任を果たす」の期待を選んでおくとよい。なぜなら、子どもが通うことになる小学校での期待となるからである。

期待を表す具体的な行動の決め方

　委員会が期待行動を選んだあと、どのような行動が期待されているかを決める。期待や規則、行動を決める過程は大切であり、様々な場面で適切な行動がどのようなものかを考えてみることから始める。ベテラン教師にとっては、子どもにしてほしくない行動なら簡単に言える。それを基に、その行動に取って代わる代替行動がどのようなものかに目を向けていけばよい。指導のターゲットとなる行動を決める過程は、以下のようなものである。

- いろいろな場面で起きる問題行動を取り上げる。
- 問題行動に代わって、子どもはどんな行動をすべきかを具体的に決める。これらの具体的な行動は、望ましい代替行動（教えられるべき規則）を示している。
- 望ましい代替行動を教えるのに、明示的であること。ソーシャルスキルの指導と促進が基本である。

　この過程では、問題行動へ対応することから、それに取って代わって子どもがなすべきことに焦点を移行させる。従ってベテラン教師は、期待を示す具体的な行動を決める必要がある。現在起きている問題行動と置き換えられる望ましい行動（指導のターゲットになる）のために、いくつかの場面が整理される必要がある。
　小学校での共通の場面には、以下の場所が含まれる。

- 教室
- カフェテリア
- 運動場
- トイレ
- 廊下
- 体育館

- 事務所
- スクールバス

　こうした場面は、すべての学校にみられる。担任教師は自分の教室のための期待行動を作る。だが、教室以外の場面での期待は、学校の教育プログラムを通して、教職員や委員会で作られるべきである。そして、共通の焦点をあてることは、学校の独自な文化を反映するために開発されてきた共通の支援に対する基本的な枠組みを提供するという意味で重要である。

　就学前プログラムにおける共通場面は、教室、運動場、廊下、体育館等がある。園児は、教室で食事をしたり、昼寝をしたりする。運動場に行くときのみクラスを離れる。だが、個々の場面では、昼寝や昼食、お客さんがいるときなど、教室での個々の場面は、違った時点と結びつけて考えられる。かりに活動中のクラスを出てトイレに行くことが許されていないならば、その代わりの行動を教えたり支援したりしておいたほうがよい。

共通の言葉を用いるマトリックスを作成しよう

　各場面での代替の期待行動を決めた後、委員会は、学校で期待されるすべての望ましい行動マトリックスを作る。マトリックスは、期待行動が縦に、場面が横に並べて表示される。

　委員会がマトリックスの原案を作る。そしてそれを教職員間で回覧し、すべての指導・支援活動に導くコンセンサスを反映する最終版を作る。

　「安全であること」、「親切であること」が、どのようなことかを具体的に教えられるように考慮される。教職員は、起きている共通の問題行動に代わる、最も重要な代替行動に焦点を向ける。適切な行動のすべてを取りあげるのではない。

　図表4.2、4.3、4.4 は、就学前や小学校プログラムで開発されたマトリックスの事例である。

図表4.2　幼児用プログラムの期待

	教室	トイレ	運動場
安全に過ごす	・床に足をつける ・歩き方に従う ・小さな声で話す	・石けんと水で手を洗う ・個室には一人が入る	・滑り台ではお尻をついて滑る ・グラウンドの石やウッドチップをそのままにしておく
親切にする	・友だちになる ・相手と分かち合う ・耳を傾けて聞く ・学校を大切にする	・小さな声で話す ・他の人にちょっかいをださない	・他の人にも遊具を使わせる ・他の人と間隔を保つ ・相手と分かち合う ・良い言葉を使う
責任を果たす	・良い援助者になる ・指示に従う ・きれいにする ・良い選択をする	・トイレの水を流す ・蛇口をしめる ・きれいにする	・備品を正しく使う ・列になり、歩く基本ルールに従う ・きれいにする

	食事時	歩き方	スクールバス・バン
安全に過ごす	・椅子を奥まで戻す ・他の人との間隔を保つ	・歩き方に従う ・大人と一緒にいる	・シートベルトをつける ・座席に背をつけて座る
親切にする	・マナーを守る ・先に出るとき「お先に」と言う	・小さな声で話す ・他の人にちょっかいをださない	・小さな声で話す ・他の人との間隔を保つ
責任を果たす	・食物を皿の上に置く ・きれいにする	・耳を傾けて聞く ・列になり、歩く基本ルールに従う	・運転手やモニターの言うことを聞くこと ・自分の持ち物に注意する ・バスのルールに従う

出典　ミズーリ大学PBSセンターとの共同により作成。

第4章 期待行動を教える

図表4.3 幼児用プログラムのマトリックス

	教室	スクールバス	廊下	外で
安全に過ごす	・歩き方に従う ・輪になったら自分たちの場所に腰を下ろす ・輪になったら脚を組む	・席に座る ・運転手の言うことを聞く ・歩道で待つ	・歩き方に従う ・手は両脇につける ・目は前方を見る	・教師の言うことを聞く ・お尻をつけて滑り台を滑る ・三輪車に乗っているときは気をつける
親切にする	・おもちゃを分かち合う ・友だちといるときは手を静かに動かす ・友だちに親切な言葉を使う	・運転手に「こんにちは！」と言う	・しずかな声で ・会う友だちに笑顔で接する	・ブランコや滑り台は順番にする ・親切な言葉を使う
責任を果たす	・自分の本を学校に持ってきてもよい ・きれいにする ・手を洗う	・バスをおりるときバッグパックを忘れない	・しずかな声で ・列になり並ぶ	・ベルの音が聞こえたらフェンスにつかまり整列する

出典　ミズーリ大学PBSセンターとの協同により作成されたものに基づく。

1つ1つの社会的行動を教えよう

　ポジティブ生徒指導の専門家は、行動期待を示す代替行動を指導するのに、直接的で明示的な指導をする必要がある。例として、学校は教室での行動を教える授業を計画することになる。「言われたら、まず先生の指導に従うこと」、これはマトリックスでは「教室」での「責任を果たす」に当たる。マトリックスで取りあげられた具体的行動は、行動を教えるための授業で示すことが必要である。ソーシャルスキルの明示的な指導の必要性は、たくさんの研究から支持されているからである [23] [36] [50] [60] [87]。

図表4.4 小学校における期待

	全場面	廊下	カフェテリア	トイレ	運動場・校舎の外	徒歩通学者	車に乗る	集会	スクールバス
安全に過ごす	・建物内では歩く ・教材や備品を適切に扱う ・ガムやお菓子は家に置いておく	・行き先を見て歩く	・お皿の上に食物を置く ・椅子を戻す	・石けんと水で手を洗う ・備品を適切に用いる ・シンクに水をためる	・備品を適切に用いる ・指定されたエリアの中にいる ・グラウンドのチャンクをそのままにする ・学校が認めたゲームに参加する	・見知らぬ人の車に乗らない ・学校へはまっすぐ登校し、帰りはまっすぐ帰宅する ・歩道を歩く ・指定された箇所で道路を横断する	・乗降側で乗り込んだり、降りたりする ・乗降場所を離れるときに、大人に声をかける ・シートベルトを締める	・秩序を保って部屋を出入りする	・動いているときは席に座る ・バスの前を横切る ・バスを待っている間、道路から離れている
チームプレイヤーになる	・他の子どもを仲間に入れてあげる ・丁寧な言葉を使う ・手や足は自分の体につけている ・相手を助ける ・友だちになる	・笑顔で相手と挨拶する	・順番を並んで待つ ・誰もが座って食べられるようにする	・プライバシーを認める	・他の人も加わるようにする ・遊びたい人みんなを含める ・技能の違いを受け入れる	・相手が一緒に行きたいときはともに行く	・肯定的に相手に挨拶する	・提案する人の話を聞く ・終わったときのみ手を叩く	・運転手に笑顔で挨拶する

第4章　期待行動を教える

	全場面	廊下	カフェテリア	トイレ	運動場・校舎の外	徒歩通学者	車に乗る	集会	スクールバス
学ぶ人になる	・時間のはじめは大人の指示に従う ・順番を守る ・相手ととかち合う ・問題を解決する ・チームプレイヤーとなる ・適切な声の水準を用いる ・良い聞き手となる	・掲示がなくてもルールに従う ・移動ルートに沿って動く	・指定された場所に座る ・暗証番号を入れ、お金をレジ係に渡す	・順番を待つ ・トイレの使い方のルールに従う	・開始する前に、ルールに同意する ・ゲームのルールに従う	・道を横断するとき、指示に従う	・辛抱強く、整然と待つ ・友だちや大人に礼儀を持って交わる	・手や足を自分の体につけておく	・降りる時、順番を待つ ・列に並んでその場で待つ ・辛抱強くバスを静かに待つ ・バスのルールに従う
尊重する	・自分がしてほしいように相手に接する ・自分と違っていても相手を容認する ・相手の考えを認める ・相手のパーソナルな空間を尊重する ・肯定的な身体言葉を示す	・他の人が、勉強ができるように静かに歩く ・手を壁から離し、自分の側に置く	・自分の食べ物だけを食べる ・周りをきれいにする ・よいマナーで食べる	・相手のプライバシーを尊重する ・自分で後始末をする	・ゲームの間は同じルールに従う ・適切な言葉を使う（やっつけるのでなく） ・笛がなったら直ちに並ぶ	・家の持ち主の所有物を尊重する	・質問したり答えたりするときに手を上げる	・指定された場所の席に座る	・きれいにする

	全場面	廊下	カフェテリア	トイレ	運動場・校舎の外	徒歩通学者	車に乗る	集会	スクールバス
責任を果たす	・自分を気づかう ・自分の仕事をする ・行動の結果を受け入れる ・よい選択をする ・正直である ・問題を大人に報告する ・相手が自分たちの対立を解決するのを認める ・携帯やおもちゃは家に置いておく	・目的地へは素早く行く	・自分で後始末をする ・健康になるものを選ぶ ・暗証番号、お金のことを覚えておく。ある いは昼食を持ってくる	・トイレの水を流す ・終えたら蛇口をしめる ・すぐにクラスに戻る	・用具を戻す ・散らかしたものをグラウンドから片付ける	・学校に時間どおりに来る	・放課後迅速に帰る ・誰が迎えにくるかを知る ・車が来るのを待ち構える	・気を配る	・持ち物はすべてを持っていくことを覚えておく ・降りる停車場で待ち構える ・バス到着のアナウンスを聞く ・時間通りに到着する ・まっすぐ家に帰る

出典 ミズーリ大学PBSセンターとの協同により作成されたものに基づく。

第4章　期待行動を教える

　明示的、直接的な指導をするときは、ソーシャルスキルを細かく分けたり、スキルの例やそうでない例を開発したりすることにより、教師は注意深く指導の計画を立てることになる[43][56][65]。教師はまた子どもの遂行を細かく観察し、子どもの進歩に基づいていろいろなレベルの支援を提供するのである[65]。

　このようにしてポジティブ生徒指導を効果的に実践する学校は、問題行動をしているならば、何をすべきかを子どもが知っていると仮定して罰を与えるのではなく、すべての子どもが望ましいターゲットである社会的行動に関するシステム的な指導を受け取ることを保証しているのである。

　直接的、明示的な指導は、以下のような、予測できるパターンの段階に従っている[65][42][56]。

- すでに学んだスキルの振り返り
- 新たなソーシャルスキルの概観
- いつ、どこで、なぜ、そのスキルが用いられるのかの話し合い
- スキルを示す具体的行動についての明示的な指導
- 教師によるスキルのモデリング
- 子どもによるスキルのモデリング
- 教師支援を伴ったスキルの実践
- 応答の正確さについて教師によるフィードバック
- 自主的なスキルの実践
- スキルの宿題
- スキルの般化についての計画

　マトリックスでリストに挙げられた具体的な代替行動は、明示的に教えられる必要がある。それに従って指導計画が開発されるべきである。図表4.5、図表4.6は、クラスやクラス以外での期待される行動を教えるために、教師によって用いられる指導計画の例である。

　具体的なスキルについて子どもが指導を受ける場合、そのスキルが、その状況においていつ生じるのか、生じるべきかを強調することが大切である。その状況の中でソーシャルスキルに目を向けることは、スキルの般化を推進する。

図表4.5　就学前プログラムの指導計画

ソーシャルスキルの指導計画
教室

スキル　　　安全に過ごすー屋内の声で
段階
1．安全に過ごす方法は、屋内の声で話すことだという考え方を示す。
2．教師は、屋内屋外での声の違いをやってみせる。
3．安全に過ごす、親切にする、そして、聞こえることが、教師や友だちにとって、重要である理由を述べる。
4．指示が聞こえるように声を用いる必要性、静かな時間の重要性を話し合う。
5．教師は、子どもとの質問を通して振り返るべきである。
6．手をあげたり、音楽を鳴らしたり止めたり、光をつけたり消したりするような注意の合図は、止めたり聞いたりする時間がいつか、きっかけを与えるために用いられる。

モデリングもしくはロールプレイ　　　　　　考えられる教材
　1．教師は屋内の声のモデルを演じる。　　人形（屋外屋内での声を示すのに使う）
　2．子どもは屋内の声のモデルを演じる。　シナリオ1
　3．教師は日常より、事前修正する。　　　　　人形が苦しんでいて教師を呼んでいる。でも、クラスはあまりにもやかましく教師はそれを聞きとれない。
　　　　　　　　　　　　　　　　　　　　シナリオ2
　　　　　　　　　　　　　　　　　　　　　　子どもが2人大声で話をしていて、他のグループの子どもは、教師の指示が聞こえない。

宿題
　屋内での声がどんなもので、それをいつ用いるかを子どもに尋ねてみるように求める連絡ノートを保護者に送る。

他の情報

出典　ミズーリ大学PBSセンターとの協同により作成されたものに基づく

図表4.6 小学校プログラムでの指導例

ソーシャルスキルの授業

スキルと重要なルール
- 本日、教室において安全に過ごす方法について話すつもりです。
- 教室で安全に過ごすことができる方法は何ですか。
- 安全に過ごすことの意味は何かを決めるよう子どもに求める。子どもの反応を観察できる行動に導く（足を地につける）。
- クラスで安全に過ごす方法がいくつかある。例をあげてみる。
  ○足を地につけておく。
  ○屋内の言葉を使う。
  ○歩く。
  ○教材を安全に使う。
- 鍵となる行動や、子どもが分類する他のスキルも振り返る。

実演とロールプレイ

実演
- いくつかの「安全に過ごす」方法と、「安全に過ごしていない」方法を示します。私を観察して、「私が安全である」と言えるかどうか、見てほしい。
- それぞれの例のあと、「安全に過ごしている」かどうかを子どもに尋ねること。「安全に過ごしていない」代わりに、何をしているかを尋ねること。

例
- 走って席に着く。
- ハサミや鉛筆を適切に所有する。
- 椅子の脚を床から離して、椅子の背によりかかる。
- 緊急訓練がなされたら、騒がずにヒステリーにならないで、ドアに素早く移動する。

役割演技者（ロールプレイヤー）
- 鍵となる規則の行動に関して、子どもとの実践を行う。スキルの適切な事例をロールプレイするために上級生を入れる。
- ロールプレイを行い、子どもと振り返る。
- 子どもは、「安全に過ごしたか」。
- どのようにしてわかるか。

振り返りとテスト
- 本日、クラスで「安全に過ごす」ことについて話した。
- クラスでは多くの「安全に過ごす」方法があることがわかる。
- 「安全に過ごす」ために、鍵となる行動を明らかにするよう子どもに尋ねる。

課題
- 本日、クラスであなたが「安全に過ごす」かどうかを知るのを、私たちは見守っている。「安全に過ごす」ためにあなたがどのようなことをしたのかを、私は放課後に尋ねる。
- 「あなたは本日何をすべきか」
- 「私はあなたに何を尋ねようとしているか」

出典　ミズーリ大学PBSセンターとの協同により作成されたものに基づく。

子どもにとって重要なことは、視覚的な提示を用いることにある。例のように、おもちゃを片付ける子どもの絵は、「責任を果たす」であり、他の子どもにおもちゃを与える子どもの絵は、「親切にする」を示している[68]。

まとめ

　ポジティブ生徒指導が実践されるとき、適切な社会的行動に関して明示的な指導を受ける機会を持つ。すべての子どもに期待される行動は、委員会によって組織的に決められ、教えられる。
　こうして、不適切な行動に対して懲罰を与えるのに焦点を当てるより、教職員は、適切な行動が各場面でどのような「様子なのか」を決めることに焦点を向ける。そして、そのような行動を、まずは教え支援する授業計画を立てることに着手する。具体的なソーシャルスキルを教えたあとは、全教職員がこうした行動を支援する。

第5章 適切な行動を支援する

　すべての子どもにわかりやすく行動を示したら、教師は、望ましい行動を支えることに注意を向けるとよい。このことも、子どもたちへのユニバーサルな支援体制を立ち上げる根幹部分である。この支援には、望ましい行動を促すことと、その行動が生じたときに、明確でポジティブなフィードバックを与えることの両方を含んでいる。

　全体的に、指導後は、代替行動を用いる可能性が高まる環境でなければならない。教師が表にリスト化した行動を教えても、そう行動する環境がなければ、期待行動を子どもがとり続けるとは思えない。たとえば、「食堂では（お願いしますとかありがとう、と）親切な言葉を用いましょう」、とはっきり授業で教わったとしよう。しかし、もしランチルームのスタッフが子どもに親切でなければ、子どもはおそらくそのような行動やルールを用いないであろう。また、授業では手を挙げて、呼ばれるまで待つように教わったとしよう。だがもし、音楽の教師が、手を挙げないのに指名したら、子どもはこの行動を用いたり、維持しそうにはない。

　すでに今までの章で述べたように、期待行動を示し、支援することを重視するやり方は、伝統的な規律へのアプローチと大きく異なっている。適切な行動をすべての子どもが自然にとるとも、その行動が生じたら維持されるともみなさないのである[16]。

　また、特に重要なのは、本書で述べる主要な事柄は相互に関係しあっており、適切な行動の支援と問題行動の予防とに向けて一体的に作用するとみることである。目をひく個々の取り組みのみでは、子どもの適切な行動を支援するのに

図表5.1　視覚的補助カードの例

課題がすんだら次のようなことができます。

- 答えを見直す。

- 自分のライブラリーブックを見る。

- ノートに記入する。

出典：Deanna　Bickle の好意による。

は十分ではない。本章は望ましい行動が起きる前（視覚的手がかり）と、後（称賛、賞）の出来事を変えることによって適切な行動を支援する方法を示す。いくつかの方策を論じ、小学校や幼稚園のプログラムを提供する。

　子どもがある社会的行動を最初に学習したら、適切な環境によって集中してしっかり支援することが重要である[1]。子どもが一貫してある社会的行動をとれるようになったら、それに応じて支援の頻度や強度を調整すればよい。

第5章 適切な行動を支援する

教えられた期待行動を増やす方略

補助と手がかり

　教師は言葉や視覚の助けを借りて、適切な行動に注意を向けることができる。視覚補助とは、静かに話を聞く必要があることを示す視覚的なサインなどである。子どもがとるべき行動や、次の活動を示すためにも用いられる。実践校の1年生担任は、子どもが作業を終えたあと何をすべきかに注意を向けるために、小さな絵の視覚補助カードを作った（図表5.1）。カードをラミネートし、子どもたちの机にテープで貼った。

　他校では、昼食時の適切な行動を支援するために、視聴覚補助を工夫した。この学校の子どもは、昼食を食べるよりもおしゃべりをし、食べものを投げ、

図表5.2　確認のための掲示　ミズーリ大学

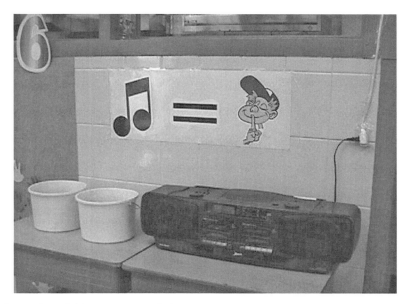

出典：ミズーリ大学PBSセンターの好意による。

図表5.3　食堂での子どもに対する期待行動の視覚的補助

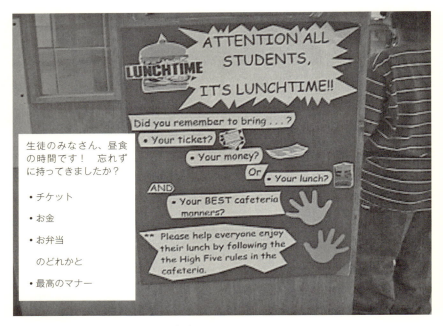

出典：ミズーリ大学PBSセンターの好意による。

いつまでもカフェテリアにいたいとごねたりした。そこで、音楽を聴覚的手がかりとして用いた。音楽が鳴ったら静かにすること（終わったら食事終了）、と指導した。この決まった手順を子どもに覚えさせるために、ポスター（図表5.2）が用いられた。また昼食時の他の期待行動を子どもに思い出させるためにも、視覚補助（図表5.3）が用いられた。

　視覚補助は、特定の決まりごとを職員に思い起こさせるためにも使用される（図表5.4）。

　この小学校では、子どもをスムーズに昼食に移行させる際の職員の役割を確認するために視覚補助を用いた。望ましい行動の視覚補助には、適切な行動をとる子どもたちの絵などがある。

第5章　適切な行動を支援する

図表5.4　食堂での教師のための視覚的補助

出典：ミズーリ大学PBSセンターの好意による。

子どもへの近づき

近づきは、適切な行動を促すために物理的に近づく方法である。教師はクラスで子どもが活動をしているかを確かめるために、巡回し、近づく[1][28]。子どものそばに立ったり、歩くことで、子どもが適切な行動を思い出したり、再度目を向けたりする可能性が高まる。ジョンが課題をやっていないときには、机のそばにいって立ちどまることができよう。大人がそこにいることが、ジョンが勉強を再開する非言語のメッセージになり得る。近づきはまた、たくさんの子どもがいて大人が少ない場面で行うのが重要である[31]。

これらの例では、その場にいる大人が、スキルの使用を促したり、適切な行動を認めたりしながら、積極的に監督し、巡回することが重要である。そのよ

うな監督を必要とする場面の例は、休み時間や食堂、廊下、集会などがある。

環境要因を修正する

多くの場合、適切な行動を促すには特定の環境要因を変化させる必要がある。教師は次のような環境要因を知っておくとよい。

- 席の配置（子どもたちの席が互いに近すぎる、いわゆる「互恵的な」2人の子どもをくっつけてしまう）。
- 教材教具（鉛筆削り、本、マーカーなど）が机に近すぎるので、それで遊んでしまう。
- 多くの子どもが1ヵ所にいて、十分なスペースがない。
- 家から物を持ってきて、適切でない時間帯にロッカーや棚から取り出す。
- 最初の休み時間に廊下での監督が行き届かない。
- 昼食時の最初の5分間、監視係が1人しかいない。
- 昼食時間に、その学校でのユニバーサルな期待行動を知らない新入り教師が監督する。
- 運動場の監視係が、1年生を、いつも休み時間の終わる5分前から早々と教室に入るように並ばせる。

最初の4例は、教師が直接変えられる環境要因を含むクラスの例である。子どもや教具を移動させる、子どもの所有物の場所やルールを決める、その場にいる子どもの数に制限を設ける、などである。残りの例はクラス以外の場面であり、より多くの教師や子どもに影響している。実践校で得られたデータが、潜在的な問題を警告することがよくある。

これまでの事例のデータからは、ある特徴的な場面が生じると不釣り合いに多くの子どもが問題行動をとるという共通要素があることがわかった（たとえば監督の不行き届きがある、研修がさらに必要な専門スタッフがいるなど）。次の第6章、第7章で述べるようにポジティブ生徒指導委員会では、様々な場面で子どもの行動に関するデータを集め、スタッフや子どもに、場面によってより多くの支援を提供する。

適切な行動を身につけさせる方略

言葉によるフィードバック

　子どもは、適切な行動をとった後には、それをユニバーサルな期待行動に結びつける明らかなフィードバックを受け取る必要がある。これは学習過程の一部である。特定の学業スキルを教えたときに教師は、子どもがスキルを習得したかどうかを必ず評価して確かめ、フィードバックを子どもに与える。社会的行動についても、具体的なフィードバックを受けることが大切である。最小限でも、スクールルール（代替行動）として、表にリスト化した期待行動を用いるとよい。

　フィードバックの例は次のようである。

- ノートを戻したことで、あなたは責任を果たしたね。
- 自分のところをきれいにして、責任を果たしたね。
- 使った後をきれいにした所を見たよ。なすべき責任を果たしたね。
- まだ自分のが終わっていないのに、糊をリオに貸してあげたね。親切だね。
- 注意を求めたときに聞いてくれたね。尊重を示したね。
- ハサミを持ったときに走らないで歩いていたね。安全に過ごしたね。
- おしりをつけて滑り台を滑っていたね。安全に遊べたね。

　実践校の全職員は、こうした期待行動を支援するために同じような言葉を用いることが求められる。教職員はまた、心からの声がけができるようにすることが重要である。声のかけ方が機械的でやさしさに欠ける、と子どもが感じるようでは、適切な行動の支援とはならない。

学校やプログラムでの強化子

　たいていの実践校では、子どもの適切な行動が増すように、正の強化の原理を適用する。多くの子どもたちにとって、特定の行動を言葉でほめてもらうこ

とは、強化をもたらすとともに指導的である。委員会はまた、肯定的行動を認め支援するさらなる方法を用いることがよくある。普通の方法では、チケットや賞状や言葉のメモを子どもに渡す。「親切にしていましたね」と書かれたメモなどである。

　ある学校では5つの期待を学習することを支援するために、ハイタッチの視覚補助を用いた。いろいろな場面での子どもを支援するために、適切な行動を子どもが取ったときに、教職員は具体的な声がけとともに、紙で作った手の平を渡した。そしてその紙製の手の平を教室の壁に貼っていき、学校での期待行動を満たすのに成功しているようすがわかるようにする。

　再び述べるが、全スタッフは子どもの代替行動を強化するために、少なくとも、口頭で具体的なフィードバック（ルールや期待行動などに対して）をすべきである。これを超えて、「わかった」クーポンやチケットのような他の方法を開発したり用いたりするかどうかは、学校次第である。こうした方法を、成果（たとえば、自由時間、お祝い、有形のもの）に結び付けるのもよい。

　私たちの実践では、実践校のチケットは、子どもの行動を変えるのと同時に、教職員の行動をも変えた。

　教師は、いつも忙しいので、適切な行動を探したり認めたりするのを忘れてしまい、つい不適切な行動を叱責し、矯正的フィードバックのみをしがちだと私たちに話してくれる。そこで、チケットはよい助けになる。チケットは、すべての子どもがソーシャルスキルを確かに修得したと確かめられる、カウント可能でモニターできる消えない記録となるのである（図表5.5、図表5.6）。

　以下の点を強調することは重要だ。学校やプログラムが、声がけとともにある種のチケットを用いるとき、子どもがすんなりできるようになって、職員も代替行動が取れるようなら、チケットの使用を段階的に廃止するとよい。チケットをしだいに廃止しながらも、具体的な声がけや補助を用い続けることが重要である。

　また、子どもが適切な行動を選択できるよう励ますためには、ピアサポートを用いてもよい[61]。友だちはお互いを様々な方法で支援できる。子どもはその日のいろいろな時点で、期待行動を示す友だちを見たことを伝え合えるだろ

う。教師はたとえば以下のように言えばよい。

- 誰かが休み時間に親切にするのを見ましたか。その人たちは何をしてくれましたか。
- 図工の授業で誰かが懸命に学ぶのを見ましたか。その人たちは何をしていましたか。

教師は支援したい行動を選び、具体的に絞ることができよう（「休み時間に親切にしてくれる人は、誰だった？　探して教えてくれるかな」）。

スキナーらはピアートートリングと呼ばれる、より構造化された友だち同士の肯定的な報告の方法を推薦している[61]。ピアートートリングでは、子どもは、友だちの肯定的行動を探して書く。教師は特定の時間に授業で、この情報を分かちあう。分かちあいの時間は、昼食の前後、その日の終わりか始まり、クラス集会のとき等である。幼児や低学年では、友だちの適切な行動をまず絵で描き、それからその見たことを日記に書いてもよい。日記や絵を、クラスや教師やその行動をした友だちと分かちあうことができる。

子どもの置き換え行動を増やすために、グループで強化する方法もある。たとえば、子どもたちが特定の目標に達したらクラス全体がごほうびを受ける。クラスとして何か行動目標に向かって取り組むために、教師はクラスがどのようなごほうびに関心があるかを明らかにできよう。

グループを通して取り組む上で、教師が必要とするのは以下の通りである[1][43]。

1．クラス全体としてあるいはクラスの一部で、取り組むべき1つ以上の行動目標を決めること。

　　例　ある幼稚園クラスは、運動場では親切にするように、また、1回の指示ですぐに整列するように、と指導されてきた。だがこのクラスでは、指示されてもすぐに教室に入ることができない。教師は子どもを平均5回も促さねばならなかった。

図表5.5 幼稚園での期待行動の証明証

教室のルール 1 安全に過ごす

今日はバッチリ安全に過ごせたよ！

出典：ミズーリ大学PBSセンターの好意による。

第5章　適切な行動を支援する

図表5.6　小学校での期待行動の証明証

証　明　書

責任ある行動がとれました！

児童の名前

教師の名前

日　付

出典：ミズーリ大学PBSセンターの好意による。

89

例　3年生のクラスでは、担任から、図工の授業では尊重しあうことと、注意を向けるよう指示があれば従うことを教えられていた。だがこのクラスは授業で、なかなか集中できず、多くの子どもが課題を適切に完成できなかった。

2．変えるべき環境場面要因を明らかにする。

3．問題行動について子どもと話し、改善の目標を立てる。

4．教師は子どもに何をしてほしいのか、代替行動を明確にのべる。その行動を教える（第4章を参照）。

5．クラス目標に達したら、子どもが何を得たいのかを明らかにする。

6．合理的でいて高い目標を子どもに決めさせる（例　チケットの枚数）。

7．クラス目標とクラスの報酬を毎日思い出させる。

8．目標への進捗状況を毎日見守る。クラスと一緒に進捗データを分かちあう。

　幼児や低学年の子どもは、目標を満たしたときには毎日、簡単なごほうびをもらいたいかもしれない。前述の幼稚園クラスでは、教師の助言を得て、子どもが1回の指示ですぐに部屋に戻れたとき、また1回ですぐ外に出られたときの両方で、帰園時に全員がお楽しみボックスから特別なごほうびをもらえる、と決めた。その箱には、幼稚園児が好きな、高価でない小さなものが入っている。教師は子どもが1回の指示ですぐに来たときは、ごほうびと具体的な褒め言葉を用いることにした。そして、子どもが指示ですぐ来るようになったら、お楽しみ箱でごほうびをあげることを減らしていくのである。

幼児や低学年の子どもには、クラスの目標達成時にスタンプを用いるのも、行動形成の簡単な方法である。子どもたちがそれをもらった理由を家族と分かちあわせるとよいだろう。他の幼児期の例としては、教師が手作りでハチの巣とミツバチを作り、適切な行動があったら、巣にミツバチを増やしていく。ある数のミツバチがハチの巣にたまったら、授業を一時止めて歌をうたい、ちょっとしたお祝いをすることなどがある。

　次は2番目の例、図工の授業で困っている3年生の場合である。このクラスでは、毎週の図工の授業で課題を完成できたら、金曜日に15分の自由時間を取ってゲームをしようと決めた。当時は、クラスの50％しか課題を完成していなかった。そこで、教師と子どもは少なくとも90％の子どもが作業を完成させたらゲームができる、と決めた。教師は観察する方法を図工の教師と相談し、その週の授業での課題や宿題を完成したら、図工の教師が子どもにチケットを渡すことにした。クラスの目標である90％の生徒の課題完成を満たすためには、25人の中の20人が金曜の朝までに担任教師にチケットを提出しなければならない。

しばしば振り返る

　社会的行動の学習と維持は、学業成績の維持とほぼ同じだということを教職員がよく理解することが肝要である。ほとんどの教師は、新たな単元を始める前に、既習事項を振り返る大切さをわかっている。ソーシャルスキルもしばしば振り返り、新たなスキルにつなげる必要がある。加えて、休みや長い週末明けには、期待される社会的行動を振り返ることが重要である。こうした振り返りは、子どもの適切な行動を積極的に促すことができる。

　次の第6章では、「社会的に間違ったこと」に対する対応として、振り返りや再指導の重要性をさらに取りあげる。

まとめ

　子どもは、特に初めて新たな社会的行動を学ぶ際には、たくさんの補助とフィードバックを必要とする。本章では、子どもの適切な行動を促して、成功に導くために使える方策を扱ってきた。

本章でみてきた支援策は、補助すること、きっかけ作り、環境修正、わかりやすいフィードバックや、強化の仕組みなど、子どもが適切な社会的行動をとり、それを維持する可能性を高めるものである。
　勉強と同じように、子どもはどのような場面でどのスキルを使うことが重要かを理解する必要がある。そして、実際にやってみてフィードバックを受ける機会が必要なのである。

第6章 矯正的な指導をする

　子どもは、親切である、安全に過ごす、責任を果たす、尊重する、などがどのようなことであるかはっきりとわかるように教わり、そして、適切な行動をするように促され強化されると、問題行動を起こすことが少なくなる[37][72]。

　第4章と第5章では、学校やプログラムにおいて、どのようにして適切な行動を教え、適切な代替行動がとれるように支援していくかを取り扱った。

　しかしながら、学校やプログラムが適切な行動を教え、支援するための肯定的で能動的な方法を講じても、問題行動は生じてしまうものである。問題行動が生じたときには、それを指摘し、明確な矯正的な指導をし、将来問題行動が起こらないようにするための段階を踏むことが重要である。委員会は、この過程を活発にし、以下の3つの要因を考慮しなければならない。第1に、問題行動を明確に定義し、一貫して矯正し続けることである。第2に、適切な決定を下すために、一貫して問題行動の記録を取り続けることである。第3に、問題行動に適切に対応する矯正的な指導を実施することの必要性である。

問題行動を定義し、一貫して対応する

　問題行動に一貫して対応することは、非常に重要とされるユニバーサルな支援方略であり、ポジティブ生徒指導の鍵となる特徴である。多くの学校には、よく用いられる一連の矯正的な指導があり、これには懲戒的指導方針が含まれていることがある。しかし、懲戒的指導方針の中で用いられている用語はポジティブ生徒指導の実践で用いられる能動的、肯定的、そして指導的な言葉とは

非常に異なる場合がある。また、こうした方針の中で記されている行動は、主観的で、様々な解釈が考えられる。委員会はこのような懲戒的な指導方針を、ポジティブ生徒指導の取り組みとすりあわせるのがよい。一貫していてかつ指導的方法で問題行動に対応することができるような、ユニバーサルな体制を構築するために、すべての教職員が、現在行われている教育実践を見直すのである。

　これを行うために、委員会はまず、授業の妨害になるような行動や、大人を尊重しないなどの問題行動について、観察ができ、かつ測定できるような言葉で定義する。定義づけを行うとき、委員会は教職員によって用いられる共通の定義を定め、具体的な定義で共通認識を得ておくとよいだろう。委員会はそれぞれの行動のタイプについて議論し、その定義を具体的に説明するために教職員に提示する。ここでは、問題行動について共通の定義を決め、この行動をポジティブ生徒指導の期待行動と関連させて記述する、ということが鍵となる。このように、教職員は問題行動とそれに伴う矯正的な指導について納得したうえで、指導すべき代替行動についても議論する。

　大人が問題行動に一貫して対応できるように支援することも、委員会の重要な役割である。すべての子どもに対して、あらゆる状況で、すべての教職員によって、一貫した規則と矯正的措置が講じられる。こうすることで、どの行動が期待されており承認されるのか、そしてどの行動が容認されないのかを子どもは学んでいく。教職員は子どもに規則を徹底しなければならない。トイレの前で列になって待っているときに子どもが私語をしても、ある教職員は何も言わなかったのに、他のある教職員は私語をしてはならないと言ったとすれば子どもは混乱してしまい、一貫してトイレで適切な行動をしにくいだろう。委員会はすべての教職員が一貫して用いる指導の手順を作成する必要もある。これには、どの問題行動が教室内で指導され、どの問題行動が生徒指導室や居残りルーム、管理職によって（就学前プログラムでは安全スポットで）指導されるのか、ということが含まれる。幼児の問題行動に対応するとき、教職員に具体的な手順で指導するよう促すための行動の流れ図が、幼児プログラム委員会によって開発された（図表6.1）。この流れ図の基本的な考え方では、矯正指導の段階に移る前に能動的な方略をやり尽くしたうえで、問題行動の強さとその問題行動への対応の厳しさを一致させるよう教職員に促していく。

第6章 矯正的な指導をする

図表6.1 行動の流れ図

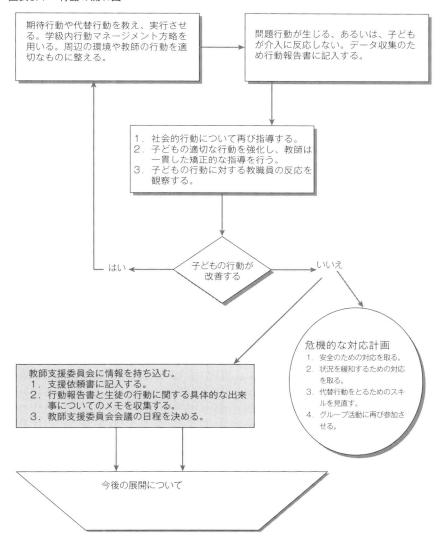

出典：ミズーリ大学SW-PBSセンターとの協同により開発されたものに基づく。

問題行動の記録を残す

　データに基づいた意思決定が、ポジティブ生徒指導の重要な特徴である。これは第7章で詳しく述べる。問題行動と教育的な援助必要性に関する意思決定を支援するために、データ収集書式が用いられる。小学校のODRと幼児の行動案件報告書の例を図表6.2および図表6.3に示す。問題行動を起こす子ども向けに、ODRが、すでに多くの小学校に準備されている。このことは確かに重要な着眼点だが、どの問題行動がODRを必要とするのか、ODRを教育的援助必要性にどのように適用するのか、そしてその他のODRのデータを用いる方法などが、はっきりと決まっていない。従って、委員会がこれらの活用について支援することが重要である。また、ODRは就学前幼児プログラムではたいてい用いられず、一般に用いないほうがよい、ということに留意することも重要である。しかし何らかの書式を作っておけば、委員会が、支援を必要とする具体的な状況や、個々の子ども、教師の情報を追跡することができる。

　委員会が決定した問題行動の定義は、データ収集書式の裏側に教職員が見ることができるように列挙しておく。データ収集書式には一般に、問題行動の種類に加えて以下のような情報が含まれる。

- 出来事が生じた場所
- 出来事の生じた時刻
- 関係した人の氏名
- その行動が生じる引き金となったと考えられる先行の出来事
- その行動に対する結果
- その行動を起こす動機（何かを得る、あるいは避けるためなど）

　このようなデータはすべて、介入の内容を選択する上での情報となる。例として、教室で［場所］、教師が［関係した人］、グループに課題を与えた［引き金となったと考えられる先行の出来事］後で、2年生の子どもがポスターを破った［行動］。そして、そのことでその子どもが生徒指導室に送られる［教師の介入］こ

第6章　矯正的な指導をする

図表6.2　小学校ODR書式の例

小学校行動報告書（例）

| 児童氏名： | □特別教育を受けている児童である | 児童の担任教師氏名： |
| 学年：就学前　幼稚園　1　2　3　4　5 | 日付： | 時刻： | 報告した教職員氏名 |

場所：　□トイレ　□バス停留所・保護者自動車乗降場　□食堂　□教室　□体育館　□廊下　□視聴覚室
□バス車内　□遊び場　□特別行事・集会・遠足
関係した他者：　□いない　□仲間　□職員　□教師　□代理教師　□その他
動機：　□仲間の注意を引く　□大人の注意を引く　□物品や活動を得る　□仲間を避ける　□大人を避ける
□課題や活動を避ける　□仕返し・勢力争い
先行の活動：　□自由時間・単独　□自由時間・複数　□移動　□単独での学習活動
□集団での学習活動
引き金：　□課題をするように言われる　□繰り返し指示される　□仲間との対立　□教師が他の児童を指導している　□特定の学習活動　□仲間の挑発　□特定の仲間の存在　□仲間の無視　□その他＿＿＿＿＿＿
教師による介入：当てはまるものすべてにチェック
□思い出させる・注意を向けさせる　□規則やいつもの手順を再び指導する　□行動の選択肢の提示　□室内の安全スポットに移動させる　□行動コントロール許可証を与える　□特権の剥奪　□反省シートを与える　□児童と話し合い　□生徒指導室に送る
□保護者に連絡：□電話　□郵便　□生徒指導フォルダ　□電子メール　□留守録
連絡した人（　　　　　　　　　）

軽度な問題行動	重度な問題行動	管理部門の対応
□反抗的態度・不敬・規則違反　1　2　3	□暴言	□保護者と話し合い
□授業妨害　1　2　3	□アルコール・薬物・タバコ・銃器	□児童と話し合い
□からかい・いじめ	□放火	□放校
□不適切発言	□反抗的態度・不敬・規則違反	□個別指導
□身体接触	□授業妨害	□学校内停学
□備品の不適切使用や損壊	□けんか・身体的攻撃	□特権剥奪
	□ハラスメント・からかい・嘲り・いじめ	□学校外停学
	□嘘をつく	□委員会委託
	□備品損壊	コメント：＿＿＿＿＿＿
	□窃盗	

□教師に写しを送付
□スクールボックスへ写しを送付
□学校情報システムへ入力

案件の簡単な記述
＿＿＿＿＿＿＿＿＿＿＿＿＿＿＿
＿＿＿＿＿＿＿＿＿＿＿＿＿＿＿

保護者の方へ：この報告書が深刻な問題行動に関するものである場合、ご家庭に送付されますので保存してください。電話でお話しした内容について報告する書類です。電話でご連絡できなかった場合には、報告書の写しを2部送付します。お受け取りいただいたことを確認するため、1部に署名したうえで、明日学校にご返送ください。後の1部は保存してください。

教師署名＿＿＿＿＿＿＿＿＿＿＿＿＿＿＿日付＿＿＿＿　児童署名＿＿＿＿＿＿＿＿＿＿＿＿＿＿＿日付＿＿＿＿
管理職署名＿＿＿＿＿＿＿＿＿＿＿＿＿＿日付＿＿＿＿　保護者署名＿＿＿＿＿＿＿＿＿＿＿＿＿＿日付＿＿＿＿

出典：ミズーリ大学SW-PBSセンターとの協同により開発されたものに基づく。

図表6.3 幼児行動案件報告書

案件番号：_____　　幼児行動案件報告書　　　　個別教育計画：　　有・無
幼児氏名：_____担任教師氏名：_____
報告者氏名：_____日付：_____時刻：_____

詳細な情報は他の文書に記載することとなっています。幼児が15分以上適切な態度で他の活動を行っていた後に、行動が繰り返される、もしくは他の問題行動が見られた場合には、別個の案件として扱います。最初の行動と反応、そして結果に数字を記入してください。最初の行動の後で起こったできごとの順番がわかるようにしてください。

問題行動	どこで	関係した人
外的なもの 　□身体的攻撃 　□不適切な言葉 　□器物損壊 内的なもの 　□活動中に泣く、駄々をこねる 　□参加するように言われても独りで遊ぶ 不服従 　□拒否 　□学習の中断 自虐・自傷行為 その他：	□教室内活動で □組織だっていない教室内活動で □移動中 □廊下で □遊び場で □スクールバスで □その他：_____	□仲間 □教師 □教育助手 □スペシャリスト □スクールバス運転手 □代理教師 □管理職 □その他：_____

行動を引き起こす初発の引き金の出来事	行動に対する反応
□大人の依頼・再指示 □やり方が決まっていない遊び □仲間の挑発 □難しい課題 □大人が近づかないこと □仲間が注目しないこと □その他：_____	注目 □大人の口頭での注目 □大人の身体的な注目 □大人の視線 □仲間の口頭での注目 □仲間の身体的な注目 無視 □大人が行動を無視 □仲間が行動を無視 □感覚統合の方法： □その他：_____
コメント	コメント

出典：ミズーリ大学SW-PBSセンターとの協同により開発されたものに基づく。

とになれば、委員会は、問題行動が生じたのはその子どもがその課題を避けたかったから（動機）である、という仮説を立てることができる。

矯正的な指導を行う

　問題行動に対応する過程は、誤答分析によく似ている。誤答分析は、学業においてよく用いられる。誤答分析を用いるときに、教師は注意深く子どもの学習を調査し、どのような種類の問題を子どもが抱えているか見定める。そしてこの情報を問題解決のための指導に用いる。たとえば、算数の問題を解くために必要な手順に子どもは従っているが、計算ミスをしてしまっている場合、その子どもには手順をもう一度教える必要はないが、基本的な計算について練習する必要がある。教師が誤答分析をしなければ、子どものどのスキルが足りないかわからないので、子どもがすでに知っていることを再び教えることになってしまいがちである。

　教職員は、子どものどの部分のソーシャルスキルが不足しているのかというその情報を、社会的な誤答分析によって得ることができる。これもまた、指導に生かされるものだ[74]。子どもにスキル不足がある場合、そのスキルが十分に習得されていないか、もしくはそのスキルが維持されていない、ということが考えられる。となれば、子どもはより明確な指導を受け、練習をしなければならない。子どもに実践上の問題がある場合、子どもは特定のソーシャルスキルを身につけたものの、一貫してそのスキルを用いたり、すべての適切な状況でそのスキルを使えないのである。このような例では、ある場面で問題行動に代わる代替行動の必要性を強調するきっかけやヒントを子どもにより多く与える必要があり、もしくは代替行動をする際により強い強化が必要であるのかもしれない。子どもの指導上の援助必要性を探ること。それに加えて、子どもの周囲の環境についても、その改善の可能性について詳しく探っていく必要がある。

　まとめると、指導や環境に関する援助必要性を決定するため、問題行動を丁寧に調査する。子どもに未熟なスキルや実践上の問題があるならば、この情報を用いて指導をより慎重にすすめて、代替行動を行う子どもをより一層支援する。従って、矯正的な指導には、以下の事柄が含まれる。

- 代替行動を子どもにもう一度教えて、さらに練習させる。
- 特定の状況で望ましい行動を行えるように、追加の支援を行う（例として、行動のヒントを与える、より強い強化を与えるなど）。
- 問題行動を引き起こす教室あるいは状況に、的を絞る（たとえば、望ましい代替行動を教職員が促さない、子どもが代替行動をしたときに肯定的なフィードバックを教職員が行わないなど）。

　誰が問題行動に関わっているか、問題行動の種類、問題行動が起こった状況などについて記載された行動報告から収集されたデータは、どのような矯正的な指導が必要とされているかを示す助けとなる。たとえば、もし数人の子どもが、階段の吹き抜けから飛び降りるというような、ある具体的な問題行動をしているとすると、教師はその数人の子どもたちにもう一度適切な行動について教えるべきである。この場合、適切な指導として、以下のようなことが考えられる。

- 期待される行動についてもう一度教える（安全に階段を歩いて降りる方法）。
- 廊下で、期待される技能について練習する。
- 代替行動をしたときは、言葉で承認し、より強力な強化子を追加して与える。

　代替行動をしたのがたった一人の子どもだった場合でも、期待される行動をもう一度教え、適切な行動を練習させ、正しい反応をしたことを言葉でフィードバックするのが、適切な指導と言える。唯一の違いは、教師は問題行動を起こす子どもにのみ、ふたたび教えるという点にある。子どもが特定の人といるときや、特定の状況（遊び場）で問題行動がしばしば生じるということであれば、最終的には、今度は大人の方に問題がないかが問われることになり、特定の状況を改善したり、必要な支援のために調査がなされることとなる。専門的な研修が必要なことを示すためにデータを用いることは、第3章で扱ったが、次の第7章でさらに詳しく述べる。
　もう1つは、研究に基づいた矯正を行う方略であり、事前矯正と呼ばれるものである。事前矯正では、本章および第4章、第5章で提示した行動支援を取り入れており、視覚的補助、直前ヒント、状況に関する要因の分析、ポジティ

ブな強化、ソーシャルスキルの指導といった手段が含まれる[28][87]。この事前矯正の指導方略を教師が用いるときには、子どもに望ましい行動を思い出させて適切に行動する機会を設けたり、問題行動を引き起こす環境的要因を変更したりする。事前矯正は問題行動への対応でよく用いられるが、問題行動に取り組む場合には予防的に用いるのが最も効果的である。過去に問題が起きた環境や作業に子どもが入る前に、期待される行動を子どもに思い出させることは、実に強力な行動管理の方法となる。事前矯正のための具体的段階と具体例を以下に述べる[28][87]。

第1段階　問題行動が起こりやすい状況に的を絞る。
第2段階　現在の問題行動の代わりに子どもに何をして欲しいのかを決める。
第3段階　問題行動を促進していると思われる状況を見定め、改善する。
第4段階　適切な行動について明示的に教える。
第5段階　ポジティブな強化によって適切な行動を支援する。
第6段階　特定の状況に入るとか、あるいは活動を始める前に、適切な行動をするように促す。
第7段階　子どもの進歩を観察する。

休みが終わって

　ジャクソン先生の1年生の学級は、昼休み時間が終わった後でも子どもたちが騒々しくはしゃぎ回る。ジャクソン先生が明日の準備をしていると、子どもたちが大声を上げ、廊下を走っているのが聞こえる。教室のドアに差し掛かるまでに、数人の子どもが馬跳び遊びをしていたり、教室を騒がしく出入りしている。このような問題行動をやめさせようとしている間にも、他の子どもが騒がしく教室に入ってきて、席に着こうとしない。教室の明かりを消して、席につき、机に伏せて待つように10数える補助を与えると、休み時間が終わってからすでに15分が経過していた。ジャクソン先生が委員会に相談したところ、事前矯正を用いてみることを勧められた。ということで、ジャクソン先生は上に述べた7つの段階を試してみることになった。

第1段階　問題行動が起こりやすい状況を特定する。
　　　　　• 昼休み後の移動時間

第2段階　現在の問題行動の代わりに子どもに何をして欲しいかを決める。
　　　　　• 廊下は歩く
　　　　　• 穏やかな声で話す
　　　　　• 静かに教室に入る
　　　　　• 席に着く
　　　　　• 読み物にいたずら書きをするのをやめる

第3段階　問題行動を促進していると思われる状況を見定め、改善する。
　　　　　ジャクソン先生は、廊下で大人の目が行き届いていないことが、廊下での子どもの行動につながり、自分が教室に入ったときの子どもの行動にもつながっていると感じている。そこで、ジャクソン先生は廊下の端で子どもを待ち構え、廊下は歩き、穏やかな声で話すように促すことにした。

第4段階　適切な行動について明示的に教える。
　　　　　ジャクソン先生は子どもに、昼休みから教室に戻る際の新たな決まりを表す適切な行動を指導した。明示的な指導方略（第4章参照）を用い、具体的な技能について説明し、見本を見せて、練習させた。子どもは一連の決まりを朝に練習し、昼休みの直前にもう一度練習した。

第5段階　ポジティブな強化によって適切な行動を支援する。
　　　　　ジャクソン先生の学級の子どもは多人数でやるゲームが好きなので、「もしみんなが新しい昼休みの決まりを守れたら、一日の終わりに短時間、好きなゲームをやっていいことにしようね」と言った。

第6段階　特定の場所に行く、あるいは活動を始める前に適切な行動を促す。
　　　　ジャクソン先生は休みの後に子どもが建物に入るときに、非言語的かつ視覚的なヒントを用いた。子どもを廊下で出迎えて、口に指を当てて静かに話すように促した。さらに教室のドアには、机と読み物の本の絵が描かれたヒントを掲示した。

第7段階　子どもの進歩を観察する。
　　　　ジャクソン先生はこの新たな決まりに関する記録を取った。すべての子どものうち、18人はずっと決まりを守っているが、2人には問題がある。ジャクソン先生はこの2人の子どもに対してさらなる支援を行った。支援の内容は、さらに練習をさせることや、2人の子どもが教室に入る前に、直前のヒントを与えることが含まれている。

　まとめると、ポジティブ生徒指導によって矯正指導を行う際には、子どもは問題行動の代わりに何をするべきか、ということや、子どもが適切に行動しやすくする方法に、教職員はいつも目を向けているべきである。つまり、適切な行動を促進するための指導に、強く光を当てるのだ。反社会的な行動をしてしまう子どもに対して効果がない伝統的な教育方法を考えてみよう。以下のお話は架空のものではなく実例である。

生徒指導室で積み木を並べる

　3年生のフィリップは、教室で静かにできなかったので、生徒指導室に送られた。フィリップは指導室に10分間いたが、課題のプリントを終わらせることができず、10分間を過ぎたところ教室に戻るように言われた。適切な行動ができていたか話したかったので、先生は指導室で何をしてきたかフィリップに聞くと、積み木を色別に並べていたよ、と答えた。積み木を誰からもらったか聞くと、指導室のフォスター先生だと答えた。

算数が嫌いなフィリップ

　フィリップはほぼ毎日、一人で算数の問題を解く時間に、騒いだり手ふざけをしたりしていた。そのため、ほぼ毎日教師はフィリップに指導室に行くように言っていた。フィリップがフォスター先生と会話を交わすと、フォスター先生はフィリップに積み木を渡すのが常だった。フォスター先生は、指導室でどう支援をするべきかをまるで知らなかった。フォスター先生は、自分は単なる監督だと思っていたので、フィリップが指導室にいる時間を記録して、時間が来たらもとの教室に返すだけだった。

　プログラムや学校では、様々な種類の問題行動を扱うため、様々な方法をとる。そしてきわめて例外的な指導を行う場合もある。委員会が問題行動を矯正する指導を行うように、教職員や体制を支援するのが肝要となる。フィリップに関係する情報は詳細に記録しておき、委員会と共有して、意思決定がなされるべきだった。今回の例では、以下のような援助必要性が記されている。

- 代替行動となる適切な行動を委員会は決定し、教え、支援できるようフィリップの教師を支える必要がある。
- フォスター先生が、指導室での役割を学ぶための支援が必要で、委員会はこの支援を行うための計画を策定する必要がある。

さらに考慮するべきこと

発達の考慮

　幼児に対して矯正的指導を行う際には、発達を考慮に入れる必要がある。幼稚園児に望まれる行動と、小学5年生に望まれる行動には違いがある。同様に、小学生と3歳児や4歳児との間には、くっきりと線を引くことが重要である。就学前の幼児は通常、学校における適切な行動を指導された経験がないため、望ましい行動について広く練習したりフィードバックを受ける必要がある。ま

た、小さな子どもたちの典型的な行動とされるものには大きな開きがある。発達を考えれば、疲れていて機嫌が悪いときに、3歳児が癇癪を起こすのは自然なことなのだ。就学前プログラムのポジティブ生徒指導の目標は、ポジティブ生徒指導と同一である。つまり、子どもたちが適切な行動（たとえば、ストレスのかかる事柄に取り組むときの良い方法など）について教わる、ということである。しかし、小さな子どもたちのコミュニケーション技能では、欲しいものや不満があることを表現する能力が限られる。そのような場合、言葉を選んで自分を表現するよう子どもを支援するのがよい。言葉が十分に発達していない子どもには、教師は、写真入りの予定表など、他のコミュニケーション手段を提供することができる。

独自な援助必要性に対し異なる指導を与える

　問題行動とその結果から得られたデータによって、委員会は、(1)実践を行う上で、さらに訓練や支援を必要とするスタッフについての情報、(2)慢性的な心配のある子どもの特定と必要な支援の情報、などを得る。ある幼児行動コンサルタントは、図表6.4に示すような行動点検を開発しているが、これを用いれば、支援がさらに必要な子どもに的を絞ることができよう。

　それ以外に委員会が負うべき責任には、プログラムの開発がある。たとえば、子どもが指導室に何回送られたら教師が教師支援委員会に相談するかとか、さらに集中的な支援を受けるための委託について相談するとか、などである。これについては第8章でさらに詳しく述べる。

まとめ

　本章では、問題行動に対して一貫して能動的で矯正的な指導をすることの重要性を述べてきた。問題行動とそれへの矯正的な対応を明確に決めることが、ポジティブ生徒指導の成功の要である。矯正的な指導は、より適切な行動を教えることに焦点を当てて行われる。というのも、問題行動は学習の誤りだととらえることができ、これに対しては、決まりを再確認させたり、練習させたり、行動の矯正を行い、フィードバックを行ったりすることが自然なことだからで

図表6.4 幼児行動点検リストの例

幼児行動点検リスト
幼児氏名：＿＿＿＿＿＿＿＿＿＿＿＿＿＿＿＿＿＿＿　　教師氏名：＿＿＿＿＿＿＿＿＿
調査日：　＿＿＿＿＿＿＿＿＿＿＿＿年齢：＿＿＿＿＿＿　個別指導計画※：　＿＿有・無
幼児の現在の発達レベルに基づいて以下の項目を評価してください

普段、この幼児は、	年齢相応である	やや気になる	気になる
1. 決まりや指示を守る			
2. 就学前教育での日課を守る			
3. 片付けをするように言われたら片づける			
4. グループ活動に参加する			
5. 他者とよく交わる			
6. 手足をそろえて静かにできる			
7. 友だちがいる			
8. 適切な感情の幅がみられる			
9. イライラに適切に対応できる			
10. 学校に来るのが楽しそうで、満足している			
11. いざこざのある状況や自分の思い通りにいかない時に気分をコントロールできる			
12. 年齢に見合った活動レベルがみられる			
13. 家族にべったりでない			
14. 環境や予定が変わっても対応できる			
15. 必要なときに助けや癒しを求められる			

※特別支援教育やこれに関連するサービスを幼児は受けているか
コメント（生活環境や家族に関することを含めること）：
出典：ミズーリ大学SW-PBSセンターとの協同により開発されたものに基づく。

ある。委員会が作成した方針や手順によって、子どもに対する矯正的な指導や教職員の支援に関する意思決定が行われる。第7章では、役に立つデータの収集ならびに意思決定のためのデータ分析における委員会の役割について扱う。

第7章 データに基づいて意思決定する

　本書では、期待を定義し、期待される行動を子どもに教えたり、支援や矯正的な懲戒的措置を与えるやり方を検討してきた。こうした鍵となる特徴を体系的に推し進めるには、データの収集と分析を行い続ける必要がある。効果的なポジティブ生徒指導では、子どもの行動を継続的に測定する。そして、スタッフは、指導員の指導のもとに、そのデータを意思決定に用いる[59][71]。意思決定のためのデータ収集と分析は、委員会の主要かつ継続的な責任となる。

　データ収集と分析を体系的に行うことで、委員会は体制を変えるためには、どこに焦点を向けて取り組むといいのか、同時にその取り組みが効率的かつ効果的となるかがわかってくる[39]。幼稚園でも小学校でも委員会は、直面する問題を特定し、意思決定のためのデータに基づいて、介入計画の策定につながる体系的なプロセスを、戦略的に開発しなくてはならない。委員会はまた、介入がうまく進んでいるかを確認するために、データを使用する（たとえば、教師は推奨された対策を適切に取っていたか、など）。データ収集の最後には、実施された介入のうまく進んでいる部分と残されている課題を評価する。この体系的な意思決定のプロセスは、ユニバーサルな体制、二次的な支援体制、個別の体制といったすべての水準において使用される。二次的な支援体制と個別の体制については第8章で述べられる。

データ収集の計画を立てる

　データ収集と分析における委員会の役割は多面的である。委員会はまず、以

下の質問に取り組んでみて、計画を策定する。

1．委員会は、どのような問題に対処したいと考えているのだろうか。
2．委員会がこれらの問題に応えるときに、どのような情報が役に立つだろうか。
3．委員会は、すでにどのような情報を手にしているだろうか。
4．委員会は、どのような情報を新たに必要としているのだろうか。

次に、委員会はデータ収集の責任者を決めておく。そしていつ、どのような形でデータを収集するのか、データベースに誰がデータ入力するのかをはっきりさせねばならない。最後に、委員会は一貫したデータ分析を通して意思決定をし、介入計画を立て、最初に問われた問題に対処する必要がある。

質問を明確にする

委員会が最初に取り組む仕事は、委員会が持っている問いを明確にする作業である。以下の問いが、データ収集と分析手順を導いてくれる。

委員会へのよくある問いは、(1)、(2)、(3)の3つの基本的な型に分類される。
(1)　問題を定義する（例、データを分析して、委員会は運動場での乱暴な行動があると判断するかもしれない。しかし、そうすると問題のある時間帯や、関与する子どもの総数、乱暴なのは同じ子どもなのか、その子どもが在校生なのか新入生なのかなどの情報が必要となる）。
(2)　実施計画がうまくいっているか確かめてから、計画を遂行した影響を見極める。
(3)　場合によっては、個別の（子どもあるいは教師における）問題解決。

基本となるデータ情報源を把握する

第2のステップは、その年、月、週、日における標準的な活動を実施する中で、収集するべき情報、つまりデータを決める。委員会がデータを用いて問題に回答できるか否かがこれで左右されるので、重要な作業である。もし可能なら、いつデータを収集し突き合わせるのか、またその作業に誰が責任を持つか

を決めることが必要となる。これを決めておけば意思決定の際に、データが使用可能なのか否かや誰と協同したらよいかが明らかになる。

その他のデータ情報源を把握する

　第3のステップは、委員会への問いに対処する、すでに利用可能なデータセット以外のデータを把握することである。委員会は意思決定をする際に、一般的に、4タイプのデータを考慮する必要がある。

(1) アーカイブ
(2) 尺度・調査
(3) 面接
(4) 観察

　アーカイブデータは、子どもやその他の人が記述した項目を含んでいる。アーカイブデータは、ポジティブ生徒指導にとって最もよく利用する形のデータである。それは、学校が収集する典型的なデータを含むからである。幼稚園から3年生までのプログラムにおけるアーカイブデータには、子どもと教師のデモグラフィック情報、子どもの出席、子どもの成績（教師作成テストと標準テストの双方）などがある。また、タイムアウトの数値に反映される規律委託（「安全シート」や「生徒指導室」、ODR）も入る。就学前プログラムのアーカイブデータは、小学校においても管理部門あるいは規律委託以外のものが使える。しかし就学前プログラムにおいては、問題行動を追跡する他のアーカイブデータも使用することができる（例：行動記録書式）。

　残りの3種類のデータは、必ずしもすべての学校が収集する情報ではないが、簡単に収集できるものである。**尺度・調査**は、ポジティブ生徒指導の取り組みに対する親、子ども、スタッフの意見を調べるデータを提供する。介入の取り組みが肯定的に評価された場合は、社会的妥当性が見られることを意味する。親や教師、子どものポジティブ生徒指導に関する社会的妥当性調査を、図表7.1、　図表7.2、　図表7.3に示す。

　面接は、尺度・調査に似ているが、面接対象者の回答次第で、さらなる質問

や説明を求めることができる。図表7.4は、幼稚園から小学校におけるポジティブ生徒指導に関する4種類のデータのカテゴリーと情報源について示したものである。

データ収集の責任

組織的に意思決定する第4のステップは、データを収集し、その情報をデータベースに入力する上で、責任を持つ個人を明確にすることである。誰をデータ収集の担当にするかは、仕事の役割や、時間の融通、情報源へのアクセス可能性などによって左右される。調査の開発やコピー、配布は、おそらく誰であっても可能である。データの入力については、時間、アクセスとデータベースに関する知識、適切な分析方法によって決まる。コンピューターでのデータ処理プログラムを活用するとよい。

データの収集スケジュール

第5のステップは、指定されたデータが収集できるように、スケジュールを立てることである。委員会は戦略的にさかのぼって計画し、意思決定の際には、最新で最適なデータを正確に示すことが必要である。さらに、締め切りの前にデータを回収できるように、適切なタイミング（たとえば、調査完了の日時など）を検討する。用紙を配布する時期は、記入と回収に必要な時間を目安として決めればよい。子どもやスタッフからの回答率を向上させるためには、ごほうびを用いるのも有効である。

データの分析

最終のステップでは、主要な情報に基づいて意思決定を行うが、ここではデータ分析が含まれてくる。委員会が提起した問いと情報源次第で、適切な分析のあり方が決まってくる。ほとんどの場合、データは分析されて頻度や平均値が求められる。たとえば、面接時の応答を検討した結果、取り組みに対する多様な障害（困難）があると気づくことができる（問題行動が生じた際に「時間が足りずに対応できなかったんです」と教師がもらすなど）。調査を通じて、ポジティブ生徒指導を用いることについての保護者やスタッフの全般的な雰囲気を知る

第7章 データに基づいて意思決定する

図表7.1　保護者のポジティブ生徒指導　社会的妥当性調査

保護者のポジティブ生徒指導調査

以下の質問について、あてはまる数字に丸をつけてください。

　　　　　1：はい　　　2：ときどき・どちらともいえない　　　3：いいえ

		1	2	3
1	私の子どもは、学校の規則や期待されている行動などについて話をする。			
2	子どもが通っている学校のほとんどの生徒は、学校の規則や期待行動に従う。			
3	学校の規則や期待される行動について学校から情報が提供されている。			
4	私の子どもは、学校の規則や期待されている行動について学校で教えられている。			
5	私の子どもは、学校のどこにいても安全であると感じている（廊下・トイレ・学習室・運動場など）。			
6	私の子どもの担任は、子どもが学校の規則や期待されている行動ができているかを把握している。			
7	学校には、次年度も学校の規則や期待行動を教育して欲しいと思う。			

ご回答ありがとうございました。この用紙を担任までお戻しください。
出典：ミズーリ大学SW-PBSセンターとの協同研究により開発されたものに基づく。

図表7.2　教師のポジティブ生徒指導　社会的妥当性調査

ポジティブ生徒指導スタッフの社会的妥当性調査

今の学区にお勤めの期間について、あてはまる（　　　）に丸をつけてください。
1-5年（　　）　6-10年（　　）　11-20年（　　）　21年以上（　　）
以下の文章について、あなたがあてはまると思う数字に丸をつけてください。
　　　　　　　1：はい　　　2：ときどき・どちらともいえない　　　3：いいえ

1．私の上司はPBSを活発に支援している（たとえば、スタッフ会議の議事にPBSが上がる、PBS会議に参加する、PBS促進のための資源にアクセスする）。
　　　　　　　　　　　1　　　　　　　　2　　　　　　　　3

2．私の部署の委員会は、PBSを実行するために必要な支援を提供されている（たとえば、レッスン課題、いつ、どのように指導するか、など）。
　　　　　　　　　　　1　　　　　　　　2　　　　　　　　3

3．PBSを実行するために必要な技術や情報に関する支援を受けている（たとえば、指導員のトレーニング、PBSファシリテーター部署からのサポートなど）。
　　　　　　　　　　　1　　　　　　　　2　　　　　　　　3

4．収集され、分析されたデータが、定期的にスタッフに共有されている。
　　　　　　　　　　　1　　　　　　　　2　　　　　　　　3

5．PBSの委員会と管理部門に対して、PBSに関して相談する機会が存在する。
　　　　　　　　　　　1　　　　　　　　2　　　　　　　　3

6．PBSの諸方策は、順調に学校の授業に組み込まれてきた（たとえば、指導する、強化する、事前矯正する）。
　　　　　　　　　　　1　　　　　　　　2　　　　　　　　3

7．子どもたちは、規則に従っているときに、よく私からポジティブなフィードバックを受けていると言う。
　　　　　　　　　　　1　　　　　　　　2　　　　　　　　3

8．この学校はPBSを実施し続けるべきだ。
　　　　　　　　　　　1　　　　　　　　2　　　　　　　　3

9．この学校において、一般的に、子どもの行動が良くなってきた。
　　　　　　　　　　　1　　　　　　　　2　　　　　　　　3

出典：ミズーリ大学SW-PBSセンターとの共同研究によって開発されたもの。

第7章　データに基づいて意思決定する

図表7.3　子どものポジティブ生徒指導　社会的妥当性調査

小学生　ポジティブ生徒指導調査

期待されること：子どもは安全で、優しく、敬意を払う学習者であること

0	0	0	0	0
1	1	1	1	1
2	2	2	2	2
3	3	3	3	3
4	4	4	4	4
5	5	5	5	5
6	6	6	6	6
7	7	7	7	7
8	8	8	8	8
9	9	9	9	9

あなたの学籍番号を塗りつぶしてください。あなたが昼食のときに使用する番号と同じ番号です。

下の7つの項目について、あてはまる数字にチェックを入れてください。
　　　　　　　1：はい　　　2：ときどき　　　3：いいえ

	1	2	3
1．学校は安全だと思う。			
2．私の学校ではお互い敬意を持って接している。			
3．期待される行動があることで、勉強がよりしやすくなる。			
4．先生は、期待されている行動を教えてくれる。			
5．先生は、期待されている行動ができているときに教えてくれる。			
6．家にいても地域にいても、私は学校で教えられた期待されることを行っている。			
7．私は学校が好きだ。			

ご回答ありがとうございました。
出典：ミズーリ大学SW-PBSセンターとの協同研究により開発されたものに基づく。

図表7.4 ポジティブ生徒指導データソース

タイプ	データソース	記述	プログラム規模	学校規模
A	出席	時限ごと、または日ごとに学校によって収集される。	×	×
A	デモグラフィック変数	性別・民族（人種）・社会経済状況・特別支援に関する援助必要性など、学校やプログラムごとに収集される。	×	×
A	規律上の委託	日時、委託をした大人、場所、行動のタイプ、関係した他者の有無、動機などのデータベースを SWIS（www.swis.org）に入れる。	×	×
A	発達上の水準	運動面、認知面、情緒面、社会面の発達に関するデータ収集。	×	×
A	成績	教師が開発した点検リストやテストによって学業成績は収集される。標準化された点検リストまたはテストやルーブリックを用いたアセスメントがなされる。	×	×
I/O	学校規模の評価ツール	調査ツールはトレーニングを受けた評価者が用いる。観察や面接によって、問題となっているプログラムにおける文脈でPBS介入の展開についてアセスメントがなされる。	NA	×
R	効果的な行動支援調査	スタッフの調査 （個人レベル、小グループレベル、教室外、一般） （標準化されたツールがオンラインで使用可能）。	NA	×
R	社会的妥当性調査	ポジティブ生徒指導の有用さに対するステークホルダーの意見をアセスメントするために学校やプログラムで作成される。	×	×
O	スタッフ、委員会メンバー、管理職による観察	学校やプログラムにおいて、アセスメントのために作成された観察手順による。 ・介入の実施 ・子どもの行動	×	×
I	スタッフ、委員会メンバー、管理職による面接	アセスメントのために作成あるいは標準化された面接の手順。 ・ステークホルダーの意見 ・ステークホルダーの実行	×	×

注） SWIS：School-wide Information System　A：アーカイブ　R：評定尺度　I：面接　O：観察

こともできる。もし、全般的な認識が否定的ならば、教師に対しては研修がより必要だし、親に対してはさらなる援助努力が必要となるだろう。教師の観察を行うと、対象の鍵となる行動支援（たとえば事前矯正やポジティブな言葉がけ、矯正的な働きかけなど）の頻度がわかる。

　それぞれのタイプのデータについて、一体どのような効果や変化を持って、ポジティブで有益な変化があったエビデンスとするのかを、委員会は決めなくてはならない。ユニバーサルな水準への介入において、広く受け入れられている1つの「効果的」とする指標は、ODRあるいは問題行動の減少である。委員会はベースラインから実施に至る目標を設定した上で、その達成までの歩みをモニターしなければならない[2]。好ましい影響の指標さえ明確にしておけば、個々の学校、地区、国の基準によって望ましいとされるかにかかわらず、委員会は介入がうまく機能しているか判断できる。概して、意思決定に利用できる4つのカテゴリー（たとえば、アーカイブ、尺度・調査、面接、観察）からなる複数の情報源に基づくべきである。

ポジティブ生徒指導での意思決定

計画通りポジティブ生徒指導に取り組む

　学校規模、小グループ、個人レベル、いずれのポジティブ生徒指導であっても、委員会はまず最も切迫した課題や解決すべき問題に取り組んで、介入を開発していく。ポジティブ生徒指導の介入が開発され、合意され、実行されたならば、委員会は必ずその介入が計画通りにいったかを確認しなければならない。学校が開発した以下に示す指標を含む複数のデータを用いて、委員会は計画の実施状況を調べる。

- 教師や指導者が推奨される方略（たとえば、新しい規則や手順を指導する、期待される行動を促す、ポジティブなフィードバックを与える、懲戒的措置を与える）をどの程度用いているかを調べる観察データ
- 鍵となる特徴（たとえば、新しい規則やおきまりの手順を教える）を教師がいつ、

何回用いたのかを示す調査データ
- 調査データや観察データを補強する面接データ
- 特定の事象がいつ生起したかを特定するアーカイブデータ（たとえば、運動場の指導者がトレーニングを実施した日にちの記録、スタッフに配布された運動場での指導案）
- 鍵となる行動サポートを記録する文書（たとえば、レッスンのスケジュールや指導案、ルールや手順の視覚的な図示、運動場の指導者や教師が用いる教材）

委員会は効果的な行動支援調査EBS Survey（www.pbis.org/tools.htmlで利用可能）を含む追加的なアセスメントツールを活用することができる。この調査票では、スタッフの意見（学校規模、学級外、学級内、グループ）を知ることができる。就学前の調査票は、委員会の援助必要性アセスメントとして、第3章において述べた（図表3.1参照）。

もし委員会の分析によって、計画通りに実施されているとわかったならば、次に介入の与えたインパクトを考えていく（図表7.5のデータを用いた意思決定のプロセスを参照）。逆にもし委員会の分析から、介入が計画通りにいっていないことがわかったら、委員会はなぜ計画通りに実施されなかったかを考える。繰り返しになるが、委員会には情報を収集するたくさんの選択肢が存在する。委員会は独自に開発した調査を実施してもよいし、また個人面接もしくは集団面接を所定のスタッフや子どもと実施してもよい。あるいは問題となっている手順を見直して、何が実行を阻んでいるのか突き止めるのもよい。実行できない理由がわかったら委員会は、実行可能な選択肢に一新するか、もしくは介入に取り組める状態となるまで一時棚上げとするか、あるいは、現時点では実施困難として中断するべきかを考える。この例は、次に示している。

運動場のルールが嫌いな子どもたち

運動場に関するルールやおきまりの手順が、一貫して計画通りに実行されているか否かの判断を、ある委員会が迫られていた。運動場での介入を行っているのに、ODRデータでは運動場からの通報は、学校における他のどの区域よりも高い値を示していた。運動場での合意されたルールと決まった手順につい

第7章　データに基づいて意思決定する

図表7.5　データを用いた意思決定のプロセス

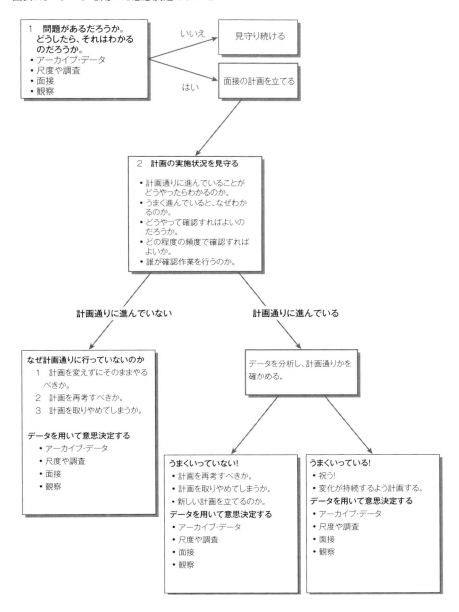

て、委員会は調査を実施した。それぞれのルールや手順に納得しているか否か、運動場での指導中にそれを実施し強化しているか否かを示すよう、スタッフに求めたのだ。

調査結果の分析をするとたちまち、提案されているルールや手順に同意していないスタッフがいることがわかった。調査によれば、ルールや手順に議論の余地があった。委員会は各学年担当のスタッフを集めて、ルールの再検討をした。このような議論の中でついに同意に至り、運動場の計画改訂版が作成された。全スタッフへの研修を改訂版に合わせて再調整し、運動場に向かう所の看板も作り直した。指導的に子どもと関わる職員も、再配置した。4週間にわたり、全スタッフが修正版を実施した。委員会は観察を行い、計画通りに実行されているかを確認した。この時点で、この委員会は新しい修正版の影響を調べる準備ができていると言える。

介入の影響を見極める

委員会が計画通りに介入がなされていると判断したのちに、複数の情報をデータとして介入の結果を調べる。委員会がプログラムを実行し、さらに洗練させるためには、会議で毎回そのデータを用いることが求められる。もし会議が月に2度以下しか開催できない場合には、会議間でのデータのモニタリングをするとよい。先に述べたとおり、ほとんどの場合、介入がポジティブである、もしくは有意義であると決定されるか否かは、プログラムや学校で設けられた基準による。有望な結果ではない場合(たとえば、運動場からのODRが減らない)、「誰にとって、またいかなる状況下で、ポジティブな影響(たとえば、ODRに有意な減少が生じる)が得られていないのだろうか」や、「特定の個人に微調整を促し、より計画通りに実行しよう」について、委員会は考えなくてはならない。そして、インパクトが予想以上にあった場合は、委員会はそのことを褒めて、介入を維持する計画をつくることになる(図表7.5)。ODRあるいは行動記録報告のようなアーカイブデータが、委員会の介入の影響分析のスタートラインとなる。ODRデータから、委員会は以下のようなことを導き出すことができる。

- 委託の回数

- 委託のあった場所
- 行動委託のタイプ
- 考えられる動機
- 関わった個人（委託したスタッフ・子ども）

　これらのODRデータを、ポジティブ生徒指導を実施する前後で比較してみると、意味のある変化なのかがわかる。加えて委員会のメンバーは面接や調査を実施して、介入を実行した関係者の意見を収集して影響を調べてもよい。新しい介入のデータとともに、先の運動場の例に戻ってみよう。

新たな運動場のプランはうまく行っているか

　観察データでは、小学校の運動場のプランは再設計された後、計画通りに実施されたとする。委員会はそこで、新しい計画が有意な変化に寄与したか否かを検討しなくてはならない。ODRデータの分析では、小さいながらも全体的に目に見える減少が確認された。委員会は「計画はうまく行っているので、先生方はユニバーサルな水準で計画通りに続けて下さいね」と言って回った。それでも、少数の子どもたちは一貫して休み時間において問題行動を示していた。休み時間に関するデータを見直すと、運動場で通報された大半は、1年生多数と3年生の男子2名であることがわかった。これらのデータから、1年生の教師と子ども全員、3年生男子2名に対して、追加の介入が必要だと判明したのである。

個人についての意思決定

　一般的に、委員会はまず就学前プログラムや学校レベルの広い視野からプランを実施する効果に注目し、その後、特定個人に焦点を絞っていく。しかしより個別化されたデータ収集と意思決定については、本書のねらいを越えている。この節では個々の子どもの支援について一般的なことを少し述べたうえで、支援するスタッフに重点を置いていく。

　学校規模のユニバーサルという幅広い文脈での意思決定と同じように、個人レベルでのより精密なアセスメントでも、複数のデータソースに依拠するべき

である。ポジティブ生徒指導の介入が機能していないのは、どのような人で、どのような状態にある場合なのかを明らかにするために、一般的に委員会はODRや行動記録報告や観察、教師の委託や調査を活用していく。ユニバーサルな介入に対応しないスタッフや子どもは、追加のサポートを必要とする。データを見ると、問題がスキル不足であるか、パフォーマンス上の問題であるかがわかる。第6章で述べたように、スキル不足の問題行動とは、個人がスキルを発揮することを学んでこなかったという意味である。従って、どのように望ましい行動をするのかを学ぶ必要がある。もし子どもにスキルや知識はあるのだが、子どもがそのスキルを発揮していない、もしくは一貫してスキルを発揮できない場合には、**実践上の問題**であるとされる。この場合、介入のプランは、視覚的補助や、パフォーマンスのフィードバック、期待される行動に従うことのごほうびを取り入れていくことになる。そして、スキルを使えるようにするために変更が必要な環境要因も、迅速に明確にしなければならない。委員会は、個人に対する介入の努力を、組織的に見守り、データを活用して改善が生じるようにしなくてはならない。

　第6章では、一貫した矯正的な指導を用いて、スキル不足の子どもを支援する方略に触れた。しかし一方で多くの場合、スタッフに至らない点が見つかって、行動を改める必要が生じてくる。スタッフのスキルと行動への介入では、スタッフ同士のモニタリングやピアコーチング（スタッフ同士の相互指導）を必要とする。これらは、情報を伝達したり、トレーニング、行動のサポートを行い、問題行動の変容に効果的であるとされている[18]。個々人への介入と支援に関する意思決定にデータを活用する例を以下に示す。運動場の例に戻ってみよう。

運動場における必要な協力体制

　運動場における問題には、主に3つのグループ（1年生の教師と1年生の子ども全員、3年生の男子2名）が介在していることがわかった。そこでこの小学校の委員会は、これに必要な介入を開発した。

　1年生の教師は指導案を受け取り、それを教えてみるように言われた。すると、その内容はすでに指導済みであることが明らかになった。しかし、1年生の教師の運動場における指導を観察したところ、鍵となるサポートが抜け落ち

ていることがわかった。教師は、積極的に動き回ったり、適切な行動を促したり、認めていなかった。指導案に則って指導をしていたかは不明であった。委員会はあらためて指導し直すことにしたうえ、校長が責任を持ってこの内容を１年生の教師に伝えることにした。委員会はまた判明したことの再教育を実施し、体育教師の協力を受けて、１年生の教師が全１年生に学年水準に応じた適切な集団競技指導をすることにした。また、校長がしている１年生の休み時間への指導を見て、同じようにすることを提案した。１年生の教師は、子どもが運動場において安全で適切な行動をしたときに、肯定的な声がけをする手順を考え出した。また間違った行動に対しては、首尾一貫した矯正的指導を与えた。

　副校長は、運動場で問題行動を繰り返していた３年生の男子２名を指導していた。子どもたちはまず初めに副校長から運動場における適切な行動を指導され、１年生の休み時間の行動を観察した。そして、この子どもたちは副校長にデータを報告したうえで、運動場で１年生のクラスの適切な行動のロールプレイを実施した。子どもたちは自分たちの学年の休み時間に少し参加し始め、運動場における指導者として関与していた３年生の教師から毎日フィードバックを受けた。男の子たちは、休み時間を徐々に取り戻していった。問題行動を起こさなかった最初の週の終わりには、問題を起こさない限り、運動場で自由に活動する許可を副校長から与えられた。副校長は、運動場で適切な行動をするようフィードバックがなされているかを、週ごとに、子どもと教師を対象にチェックすることにした。

まとめ

　明確な問題意識を持ち、データ収集に関する具体的な計画を立て、その分析をする。そうすることによって、委員会は介入を成功させ、データに基づいた意思決定ができる。組織的に進めれば委員会は、効果的なポジティブ生徒指導を開発し、維持することができる。効果的な情報収集プロセスを作れば、アーカイブデータを容易に活用でき、さらには、見いだされた課題にとって必要な情報が明確になる。委員会によって設定された目標と結果のデータとを比較していくことで、効果的な情報分析がなされる。

委員会が最初にポジティブ生徒指導を導入したときには、計画通りに進んだことを確かめるとともに、ユニバーサル水準での介入効果を調べて、意思決定を行っていく。ユニバーサルな特徴が定着した後には、ユニバーサルな介入に反応しない個人に焦点をあてて、目標を絞ったデータ収集と分析をして、個別計画を立てていくこととなる。

第8章 小集団および個別支援の基盤をつくる

　本書の関心はこれまで、ユニバーサルなポジティブ生徒指導の体制を開発することにあった。しかし、多数の教師が不安やフラストレーションを感じるのは、ユニバーサルな支援で対応できる80％の子どもに対してではない。慢性的でやっかいな行動上の挑戦を突きつけてくる、その他の15％から20％の子どもに対してである。第1章で述べたように、これまでの研究によると、学校あるいはプログラム内で10％から15％の子どもが成功するには、ユニバーサルの範囲を越えた特別な支援が必要である。さらに5％から10％の子どもには、集中的で高度に個別化された支援により、成功に導く必要があろう。

　本章では、ポジティブ生徒指導体制を構築する道筋の中で、小集団や、目標を絞った、個別的支援を展開していくツボを押さえる。本書で鍵となる内容を説明してきた通り、単に具体的な行動的介入の実践や例を示したりするのではない。むしろ課題は、学校の場で責任を持って実践する大人を注意深く支援する姿勢であり、データに基づいて意思決定をする包括的な体制を築くことにある。

ユニバーサルな働きかけをしっかりと

　子どもの行動は、教育環境と機能的に関連している。これを心に刻んでおくことこそが、効果的な行動的支援を構築するための鍵である[33]。機能的な関連性とは、ある出来事が生じたときに（たとえば、教師が「私に注目しなさい」というセリフを教えて事前に練習しておいた上で、実際にクラスで「私に注目しなさい」と促し）続いて予測できる出来事が起こる（たとえば、子どもが自分のし

ていることを止めて、教師に注目する）可能性が高いことを指している。そもそも子どもにお行儀よくさせることはできない。さらに言えば、子どもに学ばせることは困難なのである。しかし、効果的な指導をしたり、子どもの援助必要性や先行学習にカリキュラムを合わせたり、子どもが学びやすく行動しやすいように、教師が効果的な経営ができる学級をつくることなら可能である。つまり、私たちは、環境（効果的な指導）と子どもの行動（学業上の知識の増加および向社会的行動の増加）とを、有機的に結びつけてきたのである。

　学校やプログラムのもとで、子どもの行動は教育環境と有機的に関連している。この基本的な前提について、共通理解していることは重要である。ほとんどの小集団あるいは個別の方策は、問題行動に対して無力である。その理由は、その介入自体がまずいからではない。問題行動に代わる代替行動や向社会的行動を子どもが取れるように、教育環境そのものが支えきれていないからである。別の言い方をすれば、個人への介入の大半は、教育環境の力によって適切な子どもの行動を刺激、強化、維持させ、問題行動を弱めさせなければ、たとえ有効なものであっても子どもの行動を変えられないだろう。ここで、ありふれた誤解について指摘しておきたい。それは、慢性的な問題行動を持つ子どもを専門家のもとへと送ると、その専門家がその子どもを「治して」問題行動を減らしてくれるだろう、という誤解である。たしかに専門家は子どもに対して、自分の欲求を満たす別の手段を教えることができる。しかし、その別の手段を、学校や就学前プログラムの環境全体で支えなければ、子どもの行動パターンは、簡単に元に戻ってしまうことになろう。

　自分自身の行動を変えようとしたときのことを考えてみよう。ここでは、健康的な食事をしようという新年の決意を例に挙げてみたい。ダイエットが失敗するのはたいてい、「太ってしまう物を食べてもいいや」と考えるからではない。むしろ、周囲の環境が健康的な食事を支援してくれていないためである。想像してみてもらいたい。もしも自動販売機でニンジンだけしか売っていなかったり、職場の食品を置くプレートに、ドーナッツの代わりに穀物のグラノーラバーが盛ってあるならば、ダイエットはもっと容易だろう。

　それゆえ、学校やプログラムが、小集団および個別の介入を効果的に実践できる前提として、誰もが理解しておかねばならないことがある。それは、子ど

もの行動は教育環境と切っても切れないということだ。教育者は、ユニバーサルな支援の開発と実践をする中でこうした理解を深めていくものである。効果的でユニバーサルな体制を構築すれば、小集団および個別支援の効果も増すだろう。教職員が、重要なスキルを教え、より良く見守って子どもを褒めた後には、適切な行動が増加して不適切な行動が減少する。このような様子を見て取れば、子どもの行動は教育環境と直結していることを理解できる。それゆえ、支援の連続帯を次々と進めていく前に、ユニバーサルな支援を手堅く適切に行うことが欠かせないのだ。小集団あるいは個別支援がうまくいくために、最低でも委員会は以下のすべてに「はい」と答えられるようにするべきである。

1. 学校やプログラムは、学校規模の評価ツールによれば、少なくとも80％の得点を取得している[75]。
2. 委員会は、定期的に会合を重ねている。
3. 委員会は定期的に、意思決定を導くデータを確認し、活用している。
4. 学校やプログラムは、ユニバーサルな実践で成功を味わってきた（たとえば、介入の対象となった運動場で実践したところ、運動場での問題が減少したなど）。
5. 学校やプログラムは、委員会を支援しており、そして子どもを支援するには、現在の指導や監督の仕方を変えなければならないと思っている。

もし、委員会がこれら全項目に「はい」と回答できなければ、ユニバーサルな水準で実践を積み重ねる方がよい。

小集団あるいは目標を絞った支援を確立する体制

小集団あるいは目標を絞った支援は、第二水準の支援を提供するために計画され、実践されている。こうした支援は、子どもの援助必要性に合うように調整されてはいるが、必ずしも高度に個別化はされていない。ユニバーサルな支援に加えて、小集団の方策は、選ばれた子ども集団に対して実践される。目標を絞った支援は、選んだ子どもを支援するために学級内外の環境で構築された修正版であり、他の子どもにも恩恵をもたらす可能性を持つものである[30]。

小集団あるいは目標を絞った方策の例については、後で述べる。ポジティブ生徒指導の全場面において、子どもへの適切な支援を正確にするために、データを利用すべきである。また、ユニバーサルな支援と類似した、小集団あるいは目標を絞った方策を支える体制の開発に注目すべきである。支援の連続帯を進めていく際の目安であるが、力強い実践であるかどうかは、子どもの行動の強化次第である。また、実践を支える体制も、より強固なものになっていかなければならない。委員会が小集団あるいは目標を絞った支援、個別支援を進めるには、詳細な分析をして持続可能な体制を立ち上げる。そして、その体制をより大きなポジティブ生徒指導の体制に結びつけていくことである。本節では以下に、小集団あるいは目標を絞った支援を作り上げるときの、基本的な主要点をまとめておく。

保護者に連絡する

このプロセスにおける最初のステップは、親に対して、友好的で支援的な連絡をすることである。その連絡は、「お子さんのことを気にかけています」という内容と、「教職員の委員が集まって、お子さんがより成功できるよう支援します」という内容である。また、そのプロセスを支えてもらうためにも、その親を委員会の会議に招くのもよい。こうすれば、その子どもの行動パターンに新たな気づきをもたらし、保護者とパートナーになる機会が生まれるだろう。結果として、子どもの家庭での実践および支援の可能性も高まるのである。

実践のリストを作成する

多数の学校やプログラムでは、すでに何らかのレベルで小集団支援を実践している。たとえば、スクールカウンセラーは、数名の子どもとともにソーシャルスキルグループを実践しているだろう。あるいは、校長や副校長が、数名の子どもたちを対象に、セルフモニタリングの企画をしているかもしれない。しかし、ほとんどの学校では、より大規模なポジティブ生徒指導体制とは連続しない小集団支援を実践している。そこで、より強力な水準の支援を開始するときに、委員会がまずやることがある。それは、学校やプログラムで目下進められている実践やそれを支えるリソースのリストを挙げてみることである。実践

が軌道に乗ったら委員会は、実践の効果を非公式に査定すべきである。行動上の違反行為と教師の認識を照らし合わせれば、効果に関する全体像が見えてくる。また、この点で委員会は、効果がある実践とそうでない実践とを隔てる、決定的な特徴を把握するべきである。ある学校やプログラムが現時点でやっている実践だからといって、続けられるとは限らないのだ、と理解しておくことが大切なのである。小集団の実践を選ぶための最終決定は、あくまでも子どもの援助必要性を拠り所とすることになるだろう。

「チケットイン（委託システム）」を確立する

　小集団あるいは目標を絞った支援の水準で制度を確立するには、次に、データに基づく意思決定のルールを開発する。委員会は、まず、ユニバーサルな支援の一部として集めた現在のデータに頼るべきである。そして、第二水準の支援のために子どもを委託する（たとえば、「チケットイン（委託システム）」）ことによって、少しでも効果を生み出すべきである。

　たとえば委員会が、全校での違反行為データを検討して、違反が5件に達した子どもに対しては、小集団の支援に委託することを決めるとしよう。委員会が、意思決定ルールを開発する際に、いくつかのことを念頭に置くべきである。1つ目に、これまでユニバーサル水準で確立された継続的なデータに、引き続き現在のデータを組み入れるべきである。2つ目に、子どもを把握する新たな方法として、教師用の簡単な委託書式も開発すべきである。3つ目に覚えておくべきことだが、違反行為のデータおよび教師による委託手続きがあれば、反社会的行動（たとえば、よくないふるまい、不従順、身体的な攻撃性）をとる子どもを、委員会がいち早く把握できるのである。委員会はまた、非社会的行動（たとえば、抑うつ、引っ込み思案、社会的孤立）をとる子どもを特定するためのデータ確認のあり方も確立すべきである。出席状況、成績あるいは就学・就学前の行動、そして教師の委託の実績を検討すれば、非社会的行動で危険にさらされている子どもを明らかにできる。

　委員会は、別のタイプの支援の必要を示唆するデータのパターンも探るべきである。もし、特定の学級か、プログラムや学校内の環境が、平均的な違反行為率よりも高いならば、目標を絞った介入を行うとよいだろう。目標を絞った

よくある介入は、学級やその場の手続き、日常的なお決まりの行為に変化を起こし、リスクのある子どもの行動に影響を及ぼす指導と特徴づけられる。目標を絞った介入は、たいていその焦点は、支援者である大人の行動により多く向けられる。問題行動が平均よりも頻繁に起きている状況では、目標を絞った介入は、支援者である大人に、方略や支援を提供するのである。目標を絞った支援というのは、まさに「支えること」を意味している。データを活用して、問題領域をはっきりさせ教師を支える作業は、思いやりと支持的な態度で行われるべきであり、教師の指導が良いか悪いか判断する、といった評価的な態度ではいけない。

子どもの援助必要性を支援と一致させる

　子どもを特定する意思決定ルールづくりを支える次のステップは、子どもの援助必要性と介入とを一致させることである。委員会は援助必要性の3領域に留意するとよい。それは、社会的行動の援助必要性、学業もしくは就学前スキルの欠如、そして社会情動的な援助必要性である。1つ目の社会的行動の援助必要性がある場合、破壊的なパターンや、従順でない、あるいは仲間との問題ある相互作用行動パターンを示すデータが確認できる。2つ目の、学業もしくは就学前スキルの欠如は、子どもを評価すれば、その行動パターンから浮かび上がる。すなわち、問題行動と学業的もしくは就学前スキルとの間での関連性がはっきりとする。3つ目の、社会情動的な援助必要性がある場合については、多くの子どもが問題行動を示さないかもしれない。しかし、教師による委託や他のデータソース（たとえば、欠席日数の増加、仲間から離れていくことなど）を通じて表れてくる。

　この水準での支援では、複雑なアセスメントや評価は不必要である。委員会は、現在のデータや教師からの情報、記録されてきた情報（たとえば、過去のうまくいった支援）を検討して、子どもの援助必要性を把握するとよい。さらに、この水準では、支援のあり方を、子どもの援助必要性に一致させることが求められる。図表8.1は、子どもの援助必要性の領域に一致した、よくある支援の概要を示したものである。これらの実践についての詳細な情報は、後述したい。

　どんな支援も、学校やプログラムの期待に直結すべきである。たとえばソー

図表8.1 子どもの援助必要性に一致した介入の例

データの検討に基づく 子どもの援助必要性の領域	小集団あるいは特定課題に焦点化した介入
社会行動的	・ソーシャルスキルクラブ ・自己管理
学業もしくは就学前	・宿題クラブ ・チュータリング（個人指導） ・ピアチュータリング（子ども同士の教え合い） ・チェックイン・チェックアウト ・指導による修正
社会情動的	・メンター ・奉仕クラブ

シャルスキルクラブで、アンガーマネージメントに焦点化した介入をするなら、その指導に用いる言葉は、「他者を尊重する」という、学校あるいはプログラムにおける期待と結びつけるべきである。あるいは、ピアチュータリング（子ども同士の教え合い）は学業成果の達成に力点が置かれるが、これは「学習者であれ」という学校の期待に結びつけられるのである。

訓練と実践への支援を提供する

ユニバーサルな支援を確立する中核は、子どもが何をすべきかを知らないのだとみなして、子どもに教えることにある。同じことが、小集団あるいは目標を絞った支援の主役となるスタッフにも当てはまる。つまり、何をすべきかをスタッフが知っていると思いこんではいけない。そこで、小集団へのあらゆる介入方略に関する、計画、実践、評価機能をサポートする目的で、学校や教育プログラムの内外にある専門的知識を調べなければならない。さらに、そうした介入方策の実践を直接的に担うスタッフが適切な研修や継続的な技術支援を受けられるようにして、質の高い介入を保証する。スタッフの誰もが研修を受けて、介入方略ならびに目指す成果に通じておくことも、成功の秘訣である。委員会の課題は、支援の連続帯を構築することにあり、配送サービスのような

小刻みな活動を繰り返すことではない。

寄り添う指導を行う

　小集団での介入方策の実践が始まったら、日常的に子どもと関わる学級担任や他のスタッフとともに、寄り添うべきである。成功を維持し成果を一般化する鍵は、支援スタッフの役割について明確な方向性を与えることである。たとえば、8人の子どもたちが週に1回、アンガーマネージメントおよび対立解決に焦点を当てたソーシャルスキルの指導を受けるとしよう。学級担任や他のスタッフは毎回、そこで指導された内容をざっと知ったうえで、学級などでそれを促進したり、練習したり、承認するスキルを2～3個確認しておくべきである。

モニタリングをして評価する

　小集団支援の際にはいつも、成果をモニタリングして評価する計画を策定しておくべきである。計画の範囲内で、3つの目標が策定されるべきである。それは、(1)子どもの成果、(2)改善に関する教師あるいはスタッフの認識、(3)費用便益の評価、である。違反行為の減少による学級での滞在時間の増加や、出席状況、達成度といった成果は、いずれも基本的な指標である。そうした指標は、より大きなポジティブ生徒指導体制の一部として集めるべきであり、個々の子どもの進歩を見守るためにも使える。実践に対して直接責任のあるスタッフや、日中に子どもとともに活動するスタッフに対して基本的な調査や面接をするだけでも、価値のある情報が得られる。最後に、子どもの成果とスタッフの費やした時間とを比べて費用便益を評価し、効果を最大化すべきである。もっと単純でさほど集中的ではない実践や支援によって、同等あるいは類似した成果が得られたのではないか、と評価をするのである。

長期の支援を提供する

　教育者がよく陥る誤りは、行動が改善したからと、早々と手を引いてしまうことである。対象となった子どもたちが示す問題行動の割合が増加するので、支援を早く取り下げ過ぎたのが、後になってデータからわかるだろう。行動の改善を維持しやすくするために、小集団あるいは課題に焦点化した介入では常

に、委員会は3つの介入方略を取り入れるべきである。1つ目は、先述したように、あらゆる小集団の支援は、子ども全員を対象とするポジティブ生徒指導の期待行動や、お決まりの手順、指導実践、そしてフィードバックの実践に直結すべきである。子ども全員を対象とするポジティブ生徒指導体制に結びつけることによって、子どもたちは進行中の支援を受け続けることになるだろう。2つ目として、自己管理の介入方略を、支援のなかにいつも組み入れるべきである。子ども自身の行動変容を自らモニタリングして、維持できる方策を提供するのである。最後に、将来の介入において、小集団支援で「卒業生」を巻き込むことを考えるべきである。たとえば、その年に小集団のソーシャルスキルの指導を受けてきた子どもには、次年度に指導助手として加わってもらうとよい。新しい役割で、子どもを関わらせ続けることにより、その子どもは、(1)トレーニングをする機会を続けて得ることができ、(2)スキルの実践に関するフィードバックを受け続けることができ、(3)特に大人があまり見守れない状況（例：遊び場）での、年下の子どものためのモデル役を務められる。

すべてを書き留める

委員会が小集団の実践を2つの方法で文章化することを、強くお勧めしたい。1つ目は、子どもを分類する一般的な手続きや、小集団での子どもの支援の仕方、そしてあらゆる小集団の支援にわたるスタッフの役割を、ポジティブ生徒指導の計画に含めておくべきである。実践の点検リストもまた、高い質の実践を保証するために、総合計画に含めるべきである。実践の点検リストは、簡単なツールであるが、そのツールで「委員会が、計画どおりの介入を保証する小集団支援を提供しているか」を確認できる。これらのツールは、実践者が自己点検リストを使うとか、小集団活動の様子を手短に観察するぐらいにシンプルであってよい。

2つ目は、小集団支援を受ける子どものために、計画の各項目を記述した概要を書き留め、親を含め子どもと取り組む全員で共有すべきである。原本は、委員会が保存すべきである。以下に示すものは、各計画のもとで含まれるべき最小限の情報である。

1．小集団や目標を絞った支援によって望まれる成果
2．介入の概要
3．小集団が、どのくらいの頻度で、また誰と会合するか
4．スケジュールに沿った測定およびモニタリングの計画
5．あらゆる学校環境で子どもを支援する方策

小集団あるいは目標を絞った方略

　本書で強調してきた通り、学校やプログラムレベルの取り組みでは、現在の困難な問題や今あるリソースに一致するユニバーサルな支援を開発しなければならない。これに加えて強調してきたことは、独自の開発を行いつつも、研究を通じて効果が確認されている実践から得られた教訓を忘れないことである。同じことは、小集団および焦点化した水準の支援にも当てはまる。図表8.1には、鍵となる内容とともに、二次的な支援に関する文献の例を示す。読者には、開発を支援する小集団の方策に関して、より包括的な説明をしている他のリソースを参照することをすすめたい。

ソーシャルスキル

　小集団のソーシャルスキルの指導は、本書において、ユニバーサル水準で述べてきたのと同じ一般的なやり方に従うとよい。小集団の指導用に付け加える注意は、以下のとおりである[74]。

1．子どもたちの集団は、最大で6人から8人までにするべきである。
2．注意の合図およびその他のグループルールを確立することが、重要である。指導者は、そのあとで、ソーシャルスキルの指導を行うとよい。
3．ソーシャルスキルの授業内容は、公表されたカリキュラムから取り入れればよい。しかし、プログラムや学校のルール、ならびに期待を反映していなければならない。
4．授業では、説明し見せて練習をする方式（tell-show-practice）で進めるべきである。最初に、指導者は、あるスキルに対するルールを述べる（たとえば、

腹が立ったとき最初にすべきことは、自分を抑えること）。次には、いくつかの不適切なスキルとともに、適切なスキルをやって見せる。最後に、子どもにロールプレイを通じて、スキルを用いる練習をさせるとよい。
5．子どもは、問題のある時間や状況になる前に、教えられたスキルを促されるべきである。そして、学んだソーシャルスキルを用いたときには、強化されるべきである。

自己管理

　小集団および個別支援には常に、自己管理の方策を取り入れることが理想である。自己管理の実践は、2つの重要な特徴を持つ。それは、⑴セルフモニタリングと、⑵自己強化である。セルフモニタリングとは、自分自身の行動に目を向けて、その成果を記録するプロセスを指す。セルフモニタリングをする機会は、ある時限の終わったときに簡単に評価すること（たとえば、きちんとやっていたときには、まるい笑顔を示すとか、眉をひそめるか）から、自分が行動目標をどの程度上手に満たしているかわかるように、音で子どもに合図する時間（たとえば、5分おきに音を出して、子どもは、机の上に用意された図に、プラスあるいはマイナスの記号を書く）まで幅がある。自己強化とは、（セルフモニタリングを経て）最小限の行動基準が満たされているなら、望ましい成果に近づくプロセスである。自己管理のあり方については、子どもが順調に成長していくまで、積極的に指導して見守らねばならない。自己管理は、普通、以下のステップを通して指導されていく。

1．子どもは、ソーシャルスキル教育を通じて、目標を絞ったあるいは望ましい行動を教えられる。
2．子どもは、セルフモニタリングツールの使い方を教えられる。
3．教師と子どもは、短時間の練習を通じてセルフモニタリングのツールを使い、成果について話し合い、なぜあるいはどのような基準で、達成されたのか、あるいは達成されなかったのかを検討する。
4．子どもは、セルフモニタリングを活用して練習する。一方で教師は、同時にモニタリングを行う。子どもによるモニタリングが、教師のモニタリ

図表8.1　目標を絞った小集団、ならびに個別体制についての文献

目標を絞った集団あるいは小集団

Crone, D.A., Horner, R.H., & Hawken, L.S.(2004).*Responding to problem behavior in schools:The Behavior Education Program*.New York:Guilford Press.

Hawken, L.S., Horner, R.H.(2003).Evaluation of a targeted intervention within a schoolwide system of behavior support.*Journal of Behavioral Education*, 12(3), 225–240.

Lewis, T.J., & Newcomer, L.L.(2002).Examining the efficacy of school-based consultation:Recommendations for improving outcomes.In J.K.Luiselli & C.Diament(Eds.), *Behavior psychology in the schools*(pp.165–181).New York:Hawthorne Press.

Todd, A., Horner, R., & Sugai, G.(1999).Self-monitoring and self-recruited praise:Effects on problem behavior, academic engagement, and work completion in a typicalclassroom.*Journal of Positive Behavior Interventions*, 1(2), 66–76.

Todd, A., Horner, R., Sugai, G., & Colvin, G.(1999).Individualizing school-wide discipline for students with chronic problem behaviors:A team approach. *EffectiveSchool Practices*, 17(4), 72–82.

個別体制

Bambara, L.M., & Kern, L., Eds.(2005).*Individualized supports for students with problem behaviors:Designing positive behavior plans*.New York:Guilford Press.

Crone, D., & Horner, R.H.(2003).*Building positive behavior support systems in schools:Functional behavioral assessment*.New York:Guilford Press.

Freeman, R., Baker, D., Horner, R., Smith, C., Britten, J., & McCart, A.(2002).Using functional assessment and systems-level assessment to build effective behavioral support plans.In R.H.Hanson, N.A.Wieseler, & K.C.Lakin (Eds.), *Crisis:Prevention and response in the community*(pp.199–224).Washington, DC:American Association on Mental Retardation.

Horner, R.H., Sugai, G., Todd, A.W., & Lewis-Palmer, T.(1999–2000).Elements of behavior support plans:A technical brief.*Exceptionality*, 8(3), 205–215.

Lewis, T.J., Newcomer, L., Kelk, M., & Powers, L.(2000).One youth at a time:Addressing aggression and violence through individual systems of positive behavioral support.

Reaching Today's Youth, 5(1), 37–41.

March, R., Horner, R.H., Lewis-Palmer, T., Brown, D., Crone, D.A., Todd, A., & Carr, E.(2000).*Functional Assessment Checklist for Teachers and Staff*(FACTS).Retrieved June 1, 2006, from http://www.pbis.org/tools.htm

Newcomer, L.L., & Lewis, T.J.(2002, December 15).Building connections between individual behavior support plans and schoolwide systems of positive behavior support.*Positive Behavioral Supports & Interventions Newsletter*,1(4).Retrieved from http://www.pbis.org/news

Snell, M.E., Voorhees, M.D., & Chen, L.Y.(2005).Team involvement in assessment-based interventions with problem behavior:1997–2002.*Journal of Positive Behavior Interventions*, 7(3), 140–152.

Sugai, G., Horner, R.H., Dunlap, G., Hieneman, M., Lewis, T.J., Nelson, C.M., et al.(2000).Applying positive behavior support and functional behavioral assessment in schools. *Journal of Positive Behavior Interventions*, 2(3), 131–143.

ングと比べて、80％かそれ以上の正確さに達するまでトレーニングを行う。

5．子どもは、(1)正確なセルフモニタリング、(2)適切な焦点化された行動の実践を強化される。適切な行動の成功例を強調することは重要である。しかし、モニタリングを安易に修正しない方がよい。適切な目標を絞った行動の実践こそが、目指すべき成果だからである。

6．子どもは所定の期間中、正確さを目指す教師による点検を受けながら、セルフモニタリングのツールを使用する。あらかじめ定められた基準を満たすように、成果をふりかえることができる（自己強化）。

学校教育段階あるいは就学前段階の支援

　問題行動は、学校教育段階あるいは就学前段階に見られることが多い。学校教育段階での支援はたくさんある。それは、指導内容の増加に伴う専門家（たとえば、読み書きの専門家）の支援から、ピアチュータリングまで多岐にわたる。これらの支援を通して、必要な学業的支援を子どもに提供し、適切に支援を受ける方法を教えることが肝要である。

リスクのある子どもにメンタリングを行ったり、関わりを持ったりする

　日常生活で生じる矛盾とか、家族に生じた離婚などの大きな出来事の結果として、不適切な行動を示す子どももいるだろう。加えて、気にかけてくれる大人の存在と、その後の子どもたちの生活状況とは直結することを、これまでの研究は実証している。それゆえ、多くの学校では、リスクのある子どもをつなぐ手段として、そして何もしなければ混沌とした生活を送るだろう子どもに安定した生活を与える手段として、メンタリングプログラムを確立してきた。

　メンターは、カウンセラーや友人としての役割を果たす立場で置かれるのではない。むしろ、一貫して子どもに関わることができ、子どもの生活を気にかけて支援をする大人である。メンターは、一貫性と利便性を保証する観点から相互選択を通じて子どもとマッチングされ、プログラムや学校内のスタッフから選ぶとよい。その他の推奨すべき点は、以下のとおりである。

1. 管理職は、権威的存在であるという役割が与えられており、メンタリングをする資格からは外す。
2. 同じ学級の子どもと教師は、マッチングさせるべきではない。
3. メンタリングを行うスタッフは、少なくとも週に1回、10分は会うことに同意する。
4. メンタリングを行うスタッフは、勉強のことで子どもに小言を言うべきではない。ひたすら子どもの理解に努め、人生について一緒に語るべきである。
5. メンタリングを行うスタッフは、登校日以外に、子どもたちを外に連れていく必要はない。

　こうした指針は、焦点を明確化し、メンタリングに取り組みやすくするための最低線として提案されている。

目標を絞った支援

　目標を絞った支援とは、子どもの援助必要性に応えて環境を変化させること、

第8章 小集団および個別支援の基盤をつくる

と定義され、適切な行動を多くするように計画される。たとえば、注意力不足の問題を抱えた子どもは、学級内で何度も混乱を生み出すことであろう。環境アセスメントを経て、学級内の決まった活動を推奨したり、一貫して注意を引く手続きを教師が身につけたりするべきである。また、情報提供やトレーニング、継続的支援、そしてフィードバックも、子どもが示す問題行動を減少させる手段となる。次に、目標を絞った支援を実践する際に用いられるステップを示す[64]。

1．環境アセスメントを行い、研究が推奨する効果的な指導を目指していく[6]。
2．簡単なトレーニングや、鍵となるスキルについてのメモ書き、学級のコンサルテーションやピアコーチング（スタッフ同士の相互指導）による継続的支援などを通じて、教師や他のスタッフに対して情報や支援を提供する。
3．子ども、スタッフの両者の行動をモニタリングする。もし子どもの行動が改善していなければ、推奨され変更した取り組みを、スタッフが一貫して行っているかを確かめる。

集中的あるいは個別的な子どもへの支援

　一連の支援の最終となる第三水準は、著しい問題行動を示す子どもや、ユニバーサルな支援や小集団の支援に乗ってこなかった子どもに焦点を当てる。学校を拠点とした支援に加えてこの水準では、メンタルヘルスや家族への支援がなされることが多い。小集団のときと同じく、取り組みの鍵は、ポジティブ生徒指導のルール、期待行動や決まったやり方に戻って、支援を続けることである。個人レベルの見逃せない特徴を詳しく述べることは、本書の目的を超えている。読者のみなさんには、個別支援のための不可欠な特徴についての、詳細で焦点化された情報をもっと集めていただくことをお勧めしたい。
　この水準における支援は、子どもの援助必要性に基づいて、高度に個別化されているべきである。しかし、すべての学校やプログラムの委員会は、対象となる個々の子どもを見つけだし、支援する体制を開発すべきである。ただその際には、役割や責任を明らかにして、現在推奨されている最善の実践を行うべ

きである。本節では、社会的行動の問題に主たる焦点が向けられているが、委員会はまた、ポジティブ生徒指導の行動支援に結びつく、学業上の問題への明確な支援プロセスを開発することもお勧めする。

　機能的行動アセスメント（FBA）を通じて、組織的かつ全体的に、学校を拠点とした個別行動支援を構築するには、礎石が必要である。それは、「鍵」となる前提（つまり、「行動は、教える環境と直結している」）を適用することである。成功を保証するために、学校やプログラム委員会は、以下のことを担保しなければならない[32]。

1．FBAを、専門的かつ円滑に実施することができる人。
2．あらゆるスタッフが、自分の役割や目標を把握できるはっきりとしたプロセス。
3．個別の子どもの向社会的行動を環境の力で支えなければならないと、全スタッフが理解していること[32]。

　FBAを行うロジックは、次の原理に基づいている。それは、(1)問題行動は、子どもの援助必要性の充足につながっている。(2)行動こそがそうした援助必要性を伝達している。別の言い方をすれば、なぜ子どもが問題行動に陥るのかを理解するために、FBAを実施するのである。FBAにより、先行の出来事を吟味し、連続する問題行動を追っていく機会が得られるのである。
　FBAのデータに基づいて、問題行動を通じて子どもがいかなる援助必要性を満たしているのかについての仮説が生成される。研究を通じて今では、問題行動が持つ2つの主要な目的が確認されている。1つは、子どもにとっての強化を実現するためであり、もう1つは、嫌悪していることを避けるためである。たとえば、問題行動を起こす子どもたちは、教師および仲間の注意を惹きつけたいがために、学級をかき乱しているのかもしれない。あるいは、そうした子どもたちは、自分が嫌悪している課題（たとえば、書き取り）をするよう言われたけれどやりたくないので、学級をかき乱している可能性もあるだろう。
　いったん、問題行動をする目的についての仮説が立てられ、FBAを通じて

第8章　小集団および個別支援の基盤をつくる

確証されたならば、個別のポジティブ生徒指導の計画が策定される。それには、次の3つの重要な特徴がある。

- 1つ目として、対象となる子どもに、自分たちの援助必要性を満たすための向社会的で適切な方法を教える（たとえば、教師に注目させるためには手を挙げる、困難な課題には支援を求める、など）。
- 2つ目は、目標を絞ったスキルは、問題行動と同じぐらい、あるいはより効率的に子どもの援助必要性を満たすものでなければならない。
- 3つ目として、問題行動が子どもの援助必要性を満たすことがないように、環境を整えなければならない。その一方で、新しく学んだスキルは、援助必要性を効率的に満たすことを保証しておく必要がある。

1つ目と2つ目の特徴については、さほど複雑なものとも言えず、実践することも容易であるといえる。しかし、3つ目のステップが適切に機能しなければ、行動は決して変わらないだろう。次のことを留意しておくべきである。もしある子どもが、問題行動によって欲求が満たされる、という学習経験を持っているなら、その問題行動に置き換わる別の行動を取ろうとはしないであろう。古い行動が「もはや機能しない」で、子どもの援助必要性が満たされるようにしたら（たとえば、子どもが手を挙げたら、すぐに教師がそれに反応する）、その子は、今までの問題行動とは異なる適切な行動をとることであろう。

　本章の冒頭で述べたように、教育者というのは、子どもにお行儀よくさせることはできないのである。しかし、教育者は、子どもが行儀よくする可能性を高める環境づくりならできる。問題行動のそうした機能に焦点を当て、機能上は等価な適切な行動を教えれば、行動変容の可能性は高まるのである。さらに、ユニバーサルな体制のもとで、目標を絞った適切な行動を育てていけば、環境の側も、一貫して効率的に有効に子どもに呼応しやすくなるのである。

　ポジティブ生徒指導を始める学校やプログラムは、ユニバーサルな支援の開発と実践に時間をつぎ込むとよい。それによって信頼性が高く、柔軟で、支持的な学習環境が整って、小集団ならびに個人への介入の成果を最大にする基盤となるからである。次のリストは、ポジティブ生徒指導でのFBAのプロセス

における、最低限の特徴を示すものである[32]。

1．教師は、（標準の書式および提出の仕方で）支援を要請する。
2．委員会あるいはプロセスの会議で、(1)問題行動およびそれにとって代わる代替行動は、操作的定義をする。(2)背景、過去の記録、そして環境に関するアセスメントのデータを検討して、各種行動パターンを見極める。(3)FBAのデータを検討する。間接的な測度（たとえば、評定尺度や面接）も直接的な観察も含める。(4)問題行動が持つ機能について仮説を立てる。(5)行動がもたらす機能に基づいて、ポジティブ生徒指導の計画を立てる。その計画の中には、代替行動、環境調整、ソーシャルスキルの指導、大人のすべきことのメモを含める。
3．委員会は計画を実践し、モニタリングをして、うまくいっているかを評価する。

結　論

　本章では、第二水準および個別的な第三水準の支援を開発する際の、基本にして重要な手順を扱ってきた。委員会は、切れ目のない連続帯を確立する際に、次のことを忘れてはならない。(1)あらゆる水準の支援は、ユニバーサル水準の期待と直結していること。(2)指導的な方法が、どの水準でも強調されること。(3)小集団および個別の支援がうまくいかないのは実践が効果的でないのではなく、たいてい、一貫した組織的な実践ができなくなっていること。

文　献

1 Alberto, P., & Troutman, A. C. (2003). *Applied behavior analysis for teachers*(6th ed.).Upper Saddle River, NJ: Merrill/Prentice Hall.
2 Bambara, L. M., & Kern, L. (2005). *Individualized supports for students with problem behaviors: Designing positive behavior plans*.New York: Guilford.
3 Boudah, D. J., Logan, K. R., & Greenwood, C. R. (2001). The research to practice projects: Lessons learned about changing teacher practice. *Teacher Education and Special Education*, 24(4), 290–303.
4 Colvin, G., Sugai, G., Good, R. H. I., & Lee, Y. (1997). Using active supervision and precorrection to improve transition behavior in elementary school. *School Psychology Quarterly*, 12(4), 344–363.
5 Conduct Problems Prevention Research Group. (1992). A developmental and clinical model for the prevention of conduct disorders: The FAST Track Program.*Development and Psychopathology*, 4,509–527.
6 Cotton, K. (1999). *Research you can use to improve results*.Alexandria, VA:Association for Supervision and Curriculum Development.
7 Covington-Smith, S. (2004). *The effects of targeted positive behavior support strategies on preschoolers'externalizing behavior*.Unpublished doctoral dissertation,University of Missouri–Columbia.
8 Elliot, D. S. (1994a). Serious violent offenders: Onset, developmental course, and termination—The American Society of Criminology 1993 Presidential Address. *Criminology*, 32,1–21.
9 Elliot, D. S. (1994b). *Youth violence: An overview*.Boulder, CO: Center for the Study and Prevention of Violence.
10 Greenwood, C. R., & Abbott, M. (2001). The research to practice gap in special education. *Teacher Education and Special Education*, 24(4), 276–289.
11 Gresham, F. M., Sugai, G., & Horner, R. H. (2001). Interpreting outcomes of social skill training for students with high incidence disabilities. *Exceptional Children*,67,331–344.
12 Guskey, T. R. (2000). *Evaluating professional development*.Thousand Oaks, CA:Corwin Press.
13 Hawken, L. S., & Horner, R. H. (2003). Evaluation of a targeted intervention within a schoolwide system of behavior support. *Journal of Behavioral Education*,12(3), 225–240.
14 Hawley, W. D., & Valli, L. (1999). The essentials of effective professional development: A new consensus. In L. Darling-Hammond & G. Sykes (Eds.), *Teaching as a learning*

profession(pp. 127–150). San Francisco: Jossey-Bass.

15 Heaviside, S., Rowand, C., Williams, C., & Farris, E. (1998). *Violence and discipline problems in U.S. public schools*: 1996–97(NCES Publication No. 98–030).Washington, DC: U.S. Department of Education, National Center for Education Statistics.

16 Horner, R. H., & Sugai, G. (2005). School-wide positive behavior support: An alternative approach to discipline in schools.In L. Bambara & L. Kern (Eds.), *Positive behavior support* (pp. 359–390). New York: Guilford.

17 Ingram, K. (2002). *Comparing effectiveness of intervention strategies that are based on functional behavioral assessment information and those that are contra-indicated by the assessment*.Unpublished doctoral dissertation, University of Oregon(Eugene).

18 Joyce, B. R., & Showers, B. (2002). *Student achievement through staff development*(3rd ed.).Alexandria, VA: Association for Supervision and Curriculum Development.

19 Kamps, D., Kravits, T., Rauch, J., Kamps, J. L., & Chung, N. (2000). A prevention program for students with or at risk of ED: Moderating effects of variation in treatment and classroom structure. *Journal of Emotional and Behavioral Disorders*,8(3), 141–154.

20 Kamps, D., Kravits, T., Stolze, J., & Swaggart, B. (1999). Prevention strategies for at-risk students and students with EBD in urban elementary schools. *Journal of Emotional and Behavioral Disorders*, 7(3), 178–189.

21 Kartub, D. T., Taylor-Greene, S., March, R. E., & Horner, R. H. (2000). Reducing hallway noise: A systems approach. *Journal of Positive Behavior Interventions*,2,179–182.

22 Kauffman, J. M. (1993). How we might achieve the radical reform of special education. *Exceptional Children*, 60,6–16.

23 Kauffman, J. M. (2005). *Characteristics of emotional and behavioral disorders of children and youth* (8th ed.). Upper Saddle River, NJ: Prentice Hall.

24 Klinger, J. K., Ahwee, S., Piloneta, P., & Menendez, R. (2003). Barriers and facilitators in scaling up research-based practices. *Exceptional Children*, 69(4), 411–429.

25 Klinger, J. K., Arguelles, M. E., Hughes, M. T., & Vaughn, S. (2001). Examining the schoolwide "spread" of research-based practices. *Learning Disability Quarterly*, 24, 221–234.

26 Koop, C. E., & Lundberg, G. (1992). Violence in America: A public health emergency:Time to bite the bullet back. *Journal of the American Medical Association*, 267, 3075–3076.

27 Kupersmidt, J. B., Bryant, D., & Willoughby, M. T. (2000). Prevalence of aggressive behaviors among preschoolers in Head Start and community child care programs. *Behavioral Disorders*, 26,42–52.

28 Lampi, A. R., Fenty, N. S., & Beaunae, C. (2005). Making the three Ps easier:

Praise,proximity, and precorrection. *Beyond Behavior*, 15,8–12.

29 Langland, S., Lewis-Palmer, T., & Sugai, G. (1998). Teaching respect in the classroom: An instructional approach. *Journal of Behavioral Education*, 8,245–262.

30 Lewis, T. J. (2004, October). *Developing small group supports within a continuum of school-wide positive behavior supports*.Paper presented at the Annual School-widePBS Implementation Forum, Chicago.

31 Lewis, T. J., Colvin, G., & Sugai, G. (2000). The effects of precorrection and active supervision on the recess behavior of elementary school students. *Education and Treatment of Children*,23, 109–121.

32 Lewis, T. J., & Lewis, L. (2006, October). *Essential features of individual systems of support: Data, practices, and systems*.Paper presented at the 3rd Annual School-wide PBS Implementation Forum, Chicago.

33 Lewis, T. J., Lewis-Palmer, T., Stichter, J., & Newcomer, L. L. (2004). Applied behavior analysis and the education and treatment of students with emotional and behavioral disorders. In R. Rutherford, M. M. Quinn, & S. Mathur (Eds.), *Handbook of research in behavioral disorders* (pp. 523–545).New York: Guilford.

34 Lewis, T. J., & Newcomer, L. L. (2002). Examining the efficacy of school-based consultation: Recommendations for improving outcomes. *Child and Family Behavior Therapy*,24, 165–181.

35 Lewis, T. J., Newcomer, L., Trussell, R., & Richter, M. (2006). School-wide positive behavior support: Building systems to develop and maintain appropriate social behavior. In C. S. Everston & C. M. Weinstein (Eds.), *Handbook of classroom management: Research, practice and contemporary issues* (pp. 833–854). NewYork: Lawrence Erlbaum.

36 Lewis, T. J., Powers, L. J., Kelk, M. J., & Newcomer, L. (2002). Reducing problem behaviors on the playground: An investigation of the application of school-wide positive behavior supports. *Psychology in the Schools*,39, 181–190.

37 Lewis, T. J., & Sugai, G. (1999). Effective behavior support: A systems approach to proactive school-wide management. *Focus on Exceptional Children*,31(6), 1–24.

38 Lewis, T. J, Sugai, G., & Colvin, G. (1998). Reducing problem behavior through a school-wide system of effective behavioral support: Investigation of a school-wide social skills training program and contextual interventions. *School Psychology Review*,27,446–459.

39 Lewis-Palmer, T., Sugai, G., & Larson, S. (1999). Using data to guide decisions about program implementation and effectiveness: An overview and applied example. *Effective School Practices*, 17(4), 1–7.

40 Mayer, G. R. (1995). Preventing antisocial behavior in the schools. *Journal of Applied Behavior Analysis*, 28,467–478.

41 Mayer, G. R. (2001). Antisocial behavior: Its causes and prevention within our schools. *Education & Treatment of Children*, 24,414–429.
42 Meese, R. (2001). *Teaching learners with mild disabilities*(2nd ed.). Belmont, CA:Wadsworth.
43 Mercer, C. D., & Mercer, A. R. (2005). *Teaching students with learning problems*(7th ed.). Upper Saddle River, NJ: Pearson/Merrill/Prentice Hall.
44 Missouri Positive Behavior Support Initiative. (2002). *Training manual for introduction and overview of PBS*.Columbia: University of Missouri Center for Positive Behavior Supports.
45 Myers, C. L., & Holland, K. L. (2000). Classroom behavioral interventions: Do teachers consider the function of the behavior? *Psychology in the Schools*, 37(3),271–280.
46 Nakasato, J. (2000). Data-based decision making in Hawaii's behavior support effort. *Journal of Positive Behavior Interventions*, 2(4), 247–251.
47 Newcomer, L., & Lewis, T. (2004). Functional behavioral assessment: An investigation of assessment reliability and effectiveness of function-based interventions. *Journal of Emotional and Behavioral Disorders*,12(3), 168–181.
48 Newcomer, L., & Powers, L. (2002, February). *A team approach to functional behavioral assessment-based positive behavioral support plans*.Paper presented at the Midwest Symposium for Leadership in Behavior Disorders, Kansas City, MO.
49 Odom, S. L., McConnell, S. R., & McEvoy, M. A. (1992). Peer-related social competence and its significance for young children. In S. L. Odom, S. R. McConnell,& M. A. McEvoy (Eds.), *Social competence of young children with disabilities: Issues and strategies for intervention*(pp. 3–36). Baltimore, MD: Paul H. Brookes.
50 OSEPCenter on Positive Behavioral Interventions and Supports. (2004). *School-wide positive behavior support: Implementers'blueprint and self-assessment*.Eugene, OR: Author.
51 Patterson, G. R. (1982). *A social learning approach: Coercive family process*.Eugene,OR: Castalia Press.
52 Peacock Hill Working Group. (1991). Problems and promises in special education and related services for children and youth with emotional and behavioral disorders. *Behavioral Disorders*, 16,299–313.
53 Platt, A. D., Tripp, C. E., Ogden, W. R., & Fraser, R. G. (2000). *The skillful leader:Confronting mediocre teaching*.Acton, MA: Ready About Press.
54 Powers, L. J. (2003).*Examining effects of targeted group social skills intervention in schools with and without school-wide systems of positive behavior support*.Unpublished doctoral dissertation, University of Missouri–Columbia.
55 Putnam, R. F., Handler, M. W., Ramirez-Platt, C., & Luiselli, J. K. (2003). Improving

student bus-riding behavior through a whole-school intervention. *Journal of Applied Behavior Analysis*, 36,583–590.

56 Rosenshine, B., & Stevens, R. (1986). Teaching functions. In M. C. Wittrock (Ed.),*Handbook of research in teaching*(3rd ed., pp. 376–391). New York: Macmillan.

57 Safran, S. P., & Oswald, K. (2003). Positive behavior supports: Can schools reshape disciplinary practices? *Exceptional Children*, 69,361–373.

58 Scott, T. M. (2001). A school-wide example of positive behavioral support. *Journal of Positive Behavioral Interventions*, 3,88–94.

59 Scott, T. M., & Martinek, G. (2006). Coaching positive behavior support in school settings: Tactics and data-based decision making. *Journal of Positive Behavior Interventions*, 8(3), 165–173.

60 Serna, L., Nielsen, E., Lambros, K., & Forness, S. (2000). Primary prevention with children at risk for emotional or behavioral disorders: Data on a universal intervention for Head Start classrooms. *Behavioral Disorders*,26(1), 70–84.

61 Skinner, C. H., Neddenriep, C. E., Robinson, S. L., Ervin, R., & Jones, K. (2002).Altering educational environments through positive peer reporting: Prevention and remediation of social problems associated with behavior disorders.*Psychology in the Schools*,39(2), 191–202.

62 Stichter, J. P., & Lewis, T. J. (2005, March). *Classroom variables related to effective literacy instruction: Implications for targeted interventions within school-wide PBSsystems*. Paper presented at the International Conference on Positive BehaviorSupport, Tampa, FL.

63 Stichter, J. P., Lewis, T. J., Johnson, N., & Trussell, R. (2004). Toward a structural assessment: Analyzing the merits of an assessment tool for a student with E/BD. *Assessment for Effective Intervention*, 30,25–40.

64 Stichter, J. P., Lewis, T. J., Richter, M., Johnson, N. W., & Bradley, L. (2006).Assessing antecedent variables: The effects of instructional variables on student outcomes through in-service and peer coaching professional development models. *Education & Treatment of Children*, 29(4), 665–692.

65 Stormont, M. (2007). *Fostering resilience in young children vulnerable for failure:Strategies for* K–3. Columbus, OH: Pearson/Merrill/Prentice Hall.

66 Stormont, M., Beckner, R., Mitchell, B., & Richter, M. (2005). Supporting successful transition to kindergarten: General challenges and specific implications for students with problem behavior. *Psychology in the Schools*, 42, 765–778.

67 Stormont, M., Covington, S., & Lewis, T. J. (2006). Using data to inform systems:Assessing teacher implementation of key features of positive behavior support. *Beyond Behavior*, 15(3), 10–14.

68 Stormont, M., Lewis, T. J., & Beckner, B. (2005). Developmentally continuous positive behavior support systems: Applying key features in preschool settings.*Teaching Exceptional Children*, 37, 42–48.

69 Stormont, M., Lewis, T. J., & Covington, S. (2005). Behavior support strategies inearly childhood settings: Teachers' importance and feasibility ratings. *Journal of Positive Behavior Interventions*, 7, 131–139.

70 Stormont, M., Smith, S. C., & Lewis, T. J. (in press). Teacher implementation of precorrection and praise statements in Head Start classrooms as a component of a program-wide system of positive behavior support. *Journal of Behavioral Education*.

71 Sugai, G., & Horner, R. (1996). *Antisocial behavior, discipline and behavioral support: A look from the schoolhouse door*. Unpublished manuscript, University of Oregon.

72 Sugai, G., Horner, R. H., Dunlap, G., Hieneman, M., Lewis, T. J., Nelson, C. M.,et al. (2000). *Applying positive behavioral support and functional behavioral assessment in schools*.Washington, DC: OSEP Center on Positive Behavioral Interventions and Supports.

73 Sugai, G., Horner, R., Lewis, T. J., & Cheney, D. (2002, July).*Positive behavioral supports*. Paper presented at the OSEP Research Project Directors' Conference,Washington, D.C.

74 Sugai, G., & Lewis, T. (1996). Preferred and promising practices for social skill instruction. *Focus on Exceptional Children*,29(4), 1–16.

75 Sugai, G., Lewis-Palmer, T., Todd, A., & Horner, R. H. (2001). *School-wide evaluation tool version2.0*.Retrieved June 1, 2006, from http://www.pbis.org/tools.htm

76 Sugai, G. M., & Tindal, G. (1993). *Effective school consultation: An interactive approach*.Pacific Grove, CA: Brooks/Cole.

77 Tankersley, M., Kamps, D., Mancina, C., & Weidinger, D. (1996). Social interventions for Head Start children with behavioral risks: Implementation and outcomes. *Journal of Emotional and Behavioral Disorders*, 4,171–181.

78 Taylor-Greene, S., Brown, D. K., Nelson, L., Longton, J., Gassman, T., Cohen, J.,et al. (1997). School-wide behavioral support: Starting the year off right. *Journal of Behavioral Education*, 7,99–112.

79 Taylor-Greene, S. J., & Kartub, D. T. (2000). Durable implementation of school-wide positive behavior support: The High Five Program. *Journal of Positive Behavior Interventions*, 2,233–235.

80 Tobin, T. J., & Sugai, G. M. (1999). Discipline problems, placements, and outcomes for students with serious emotional disturbance. *Behavioral Disorders*, 24(2),109–121.

81 Tobin, T., Sugai, G., & Colvin, G. (1996). Patterns in middle school discipline referrals. *Journal of Emotional and Behavioral Disorders*, 4(2), 82–94.

82 Todd, A. W., Haugen, L., Anderson, K., & Spriggs, M. (2002). Teaching recess:Low-cost efforts producing effective results. *Journal of Positive Behavior Interventions*, 4(1), 46–52.

83 Tolan, P., & Guerra, N. (1994). *What works in reducing adolescent violence: An empirical review of the field*.Boulder, CO: Center for the Study and Prevention of Violence.

84 Turnbull, A., Turnbull, R., Erwin, E., & Soodak, L. (2006). *Families, professionals, and exceptionality: Positive outcome through partnerships and trust*(5th ed.). Upper Saddle River, NJ: Pearson/Merrill/Prentice Hall.

85 Walker, H. M., Colvin, G., & Ramsey, E. (1995). *Antisocial behavior in school:Strategies and best practices*. Pacific Grove, CA: Brooks/Cole.

86 Walker, H. M., Horner, R., Sugai, G., Bullis, M., Sprague, J., Bricker, D., & Kaufman, J.(1996). Integrated approaches to preventing antisocial behavior patterns among school-age children and youth. *Journal of Emotional and Behavioral Disorders*, 4,193–256.

87 Walker, H. M., Ramsey, E., & Gresham, F. M. (2004). *Antisocial behavior in school:Evidence-based practices*(2nd ed.). Belmont, CA: Thomson-Wadsworth.

88 Webster-Stratton, C. (1997). Treating children with early-onset conduct problems:A comparison of child and parent training interventions. *Journal of Consulting Clinical Psychology*, 65,93–109.

89 Willoughby, M., Kupersmidt, J., & Bryant, D. (2001). Overt and covert dimensions of antisocial behavior in early childhood. *Journal of Abnormal Child Psychology*,29(3),177–187.

90 Zentall, S. S. (2006). *ADHD and education: Foundations, characteristics, methods, and collaboration*.Upper Saddle River, NJ: Pearson/Merrill/Prentice Hall.

著者・監訳者・共訳者紹介

●著　者

　　　メリッサ・ストーモントは、ミズーリ大学の特別支援教育の准教授である。15年以上、特別支援教育と心理学に関わってきた。教育・行動コンサルタントとして問題行動のある子どもの援助をしたり、教師指導に携わってきた。ADHDや貧困問題を抱える子どもについての研究や、家族、学校の要因がリスクやレジリエンスに及ぼす影響など30点以上の論文を出版している。

　　　チモシー・J.ルイスは20年以上にわたり、特別支援教育に携わる。高等学校や小学校、精神医学の領域での情緒的・行動的異常のある生徒を指導してきた。現在、ミズーリ大学研究・開発大学院の教授・副学長である。また、学校全体での行動サポートシステムの開発に関わり、専門的な文献にしばしば投稿してきた。専門領域には、ソーシャルスキルの指導、予防的な学校全体での規律システムがある。

　　　レベッカ・ベックナーはミズーリ州コロンビアの公立学校の子ども行動コンサルタントである。10年にわたり児童ケアセンターを運営し、社会的情緒的行動機能の領域での子どもの評価に関与した。行動上の問題がある子どもやその家族と関わってきた。行動の管理についての教師のコンサルタントとして20年以上の経験を持つ。ポジティブ行動サポートによるアプローチを用いて危機に直面する就学前児童の行動改善やヘッドスタートに取り組んできた。ソーシャルスキル、重大な問題を抱える子どもへのサポート方法などで、ワークショップや現職教育を行ってきた。

　　　ナンシー・W.ジョンソンは、現在、ミズーリ州コロンビアでPBSの推進役をしている。ミズーリPBSイニシャティブの仕事をしていて、学校での研究をするとともに、州内外においてコンサルテーションを行ってきた。ジョンソン博士は親の教育や就学前・幼稚園、1年生の教育を指導し、学校の指導体制の改善に関心を持っている。また大学レベルの授業も担当してきた。

●監訳者

市川千秋（いちかわ　ちあき）
三重大学、皇學館大学を経て、京都大学地域連携ユニット特任教授。
（財）生徒指導士認定協会、専門生徒指導士。
最終学歴　名古屋大学大学院博士課程（教育心理学専攻）単位修得中退。
【主な著書・訳書】
『自由バズを取り入れた授業の進め方』（明治図書出版）、『ブリーフ学校カウンセリング』（二瓶社）、『学校心理学入門シリーズ3　臨床生徒指導－理論編』（ナカニシヤ出版）、『学校心理学入門シリーズ4　臨床生徒指導－応用編』（ナカニシヤ出版）、『中学校・高校でのブリーフカウンセリング』（二瓶社）、『T.E.T.教師学』（小学館）など。

宇田　光（うだ　ひかる）
松阪大学を経て南山大学教職センター教授。
最終学歴　名古屋大学大学院博士課程（教育心理学専攻）単位取得満期退学。
【主な著書・訳書】
『大学講義の改革－BRD（当日レポート方式）の提案』（北大路書房）、『学校心理学入門シリーズ2　授業改革の方法』（ナカニシヤ出版）、『大学生活を楽しむ護心術－初年次教育ガイドブック』（ナカニシヤ出版）、『学校を変えるカウンセリング』（金剛出版）など。

●共訳者一覧

第1章　宇田　光　南山大学教職センター教授
　　　　専門：教育心理学
　　　　研究テーマ：大学教育における授業方法の改革改善

第2章　渡邉賢二　皇學館大学教育学部教授
　　　　専門：家族心理学・教育臨床心理学
　　　　研究テーマ：青年期の親子関係と子育て支援、心理教育

第3章　有門秀記　一般財団法人　生徒指導士認定協会理事
　　　　専門：教育心理学
　　　　研究テーマ：生徒指導（学級での児童生徒の指導）、実践方法

第4章　市川　哲　大阪産業大学全学教育機構非常勤講師
　　　　専門：教育心理学・臨床心理学
　　　　研究テーマ：発達障害を抱える大学生の支援に関する研究、生徒指導

　　　　渡邉　毅　皇學館大学教育学部准教授
　　　　専門：道徳教育
　　　　研究テーマ：偉人伝による道徳教育

第5章　高見佐知　公益財団法人　未来教育研究所研究開発局長
　　　　専門：教育行政・英語教育
　　　　研究テーマ：日米の学校管理運営、スクール・ロー、「逆向き設計」論

第6章　福井龍太　茨城県立医療大学人間科学センター助教
　　　　専門：英語学・英語教育学・教育学
　　　　研究テーマ：言語における図地、日米の生徒指導

第7章　川島一晃　椙山女学園大学看護学部講師
　　　　専門：臨床心理学・ポジティブ心理学
　　　　研究テーマ：ポジティブ心理学を援用した成長促進的援助に関する研究

第8章　西口利文　大阪産業大学教職教育センター教授・学生相談室長
　　　　専門：教育心理学
　　　　研究テーマ：グループディスカッションの教育効果、教師の問題解決行動

いじめ、学級崩壊を激減させるポジティブ生徒指導（PBS）ガイドブック
期待行動を引き出すユニバーサルな支援

2016年9月30日　初版第1刷発行
2020年7月15日　初版第2刷発行

著　者　メリッサ・ストーモント、チモシー・J.ルイス、
　　　　レベッカ・ベックナー、ナンシー・W.ジョンソン
監訳者　市　川　千　秋
　　　　宇　田　　　光
発行者　大　江　道　雅
発行所　株式会社　明石書店
　　　　〒101-0021　東京都千代田区外神田6-9-5
　　　　電　話　03（5818）1171
　　　　ＦＡＸ　03（5818）1174
　　　　振　替　00100-7-24505
　　　　http://www.akashi.co.jp/

装　　丁　明石書店デザイン室
印刷／製本　モリモト印刷株式会社

（定価はカバーに表示してあります）　　　ISBN 978-4-7503-4402-7

ポジティブ生徒指導・予防的学級経営ガイドブック

いじめ、不登校、学級崩壊を予防する問題解決アプローチ

ブランディ・シモンンセン、ダイアン・マイヤーズ [著]
宇田光、西口利文 [監訳]
有門秀記、市川哲、川島一晃、
高見佐知、福井龍太、松山康成 [訳]

◎B5判／並製／196頁　◎2,700円

幼稚園から高校までの学級でエビデンスに基づくアプローチ・PBIS（肯定的な行動の介入と支援）をどのように進めれば良いのかを示す学級経営の実践書。好ましい行動の強化、不適切な行動への対処など、実践的かつステップを踏むかたちで示し、どうすればポジティブな学級が育つのかを詳解する。

《内容構成》

序　章　ポジティブ生徒指導PBISとは

第Ⅰ部　ポジティブ生徒指導PBISの基礎

第1章　全校ポジティブ生徒指導SW-PBIS
　　　――すべての子供や教師に対応する全体支援
第2章　学級ポジティブ生徒指導CW-PBIS
　　　――成果、データ、および仕組みに焦点を当てる

第Ⅱ部　学級ポジティブ生徒指導CW-PBISの実践

第3章　しっかり構造化して子供を授業に引き込む
第4章　ポジティブな期待行動を選んで教える
第5章　好ましい行動を強化する方策
第6章　好ましくない行動への対処法

第Ⅲ部　ポジティブ生徒指導PBISの基本原理

第7章　ポジティブ生徒指導PBISの行動原理
終　章　結論――これからどこへ向かうのか？

〈価格は本体価格です〉

イラスト版 子どもの認知行動療法

《6〜12歳の子ども対象　セルフヘルプ用ガイドブック》

子どもによく見られる問題をテーマとして、子どもが自分の状態をどのように受け止めればよいのか、ユーモアあふれるたとえを用いて、子どもの目線で語っています。問題への対処方法も、世界的に注目を集める認知行動療法に基づき、親しみやすいイラストと文章でわかりやすく紹介。絵本のように楽しく読み進めながら、すぐに実行に移せる実践的技法が満載のシリーズです。保護者、教師、セラピスト、必読の書。

① だいじょうぶ 自分でできる 心配の追いはらい方ワークブック
② だいじょうぶ 自分でできる 怒りの消火法ワークブック
③ だいじょうぶ 自分でできる こだわり頭 [強迫性障害] のほぐし方ワークブック
④ だいじょうぶ 自分でできる 後ろ向きな考えの飛びこえ方ワークブック
⑤ だいじょうぶ 自分でできる 眠れない夜とさよならする方法ワークブック
⑥ だいじょうぶ 自分でできる 悪いくせのカギのはずし方ワークブック
⑦ だいじょうぶ 自分でできる 嫉妬の操縦法ワークブック
⑧ だいじょうぶ 自分でできる 失敗の乗りこえ方ワークブック
⑨ だいじょうぶ 自分でできる はずかしい！[社交不安] から抜け出す方法ワークブック
⑩ だいじょうぶ 自分でできる 親と離れて飛び立つ方法ワークブック

著：①〜⑥ ドーン・ヒューブナー　⑦〜⑨ ジャクリーン・B・トーナー、クレア・A・B・フリーランド
　　⑩ クリステン・ラベリー、シルビア・シュナイダー
絵：①〜⑥ ボニー・マシューズ　⑦ デヴィッド・トンプソン　⑧〜⑩ ジャネット・マクドネル
訳：上田勢子

B5判変型　◎1500円

〈価格は本体価格です〉

心の発達支援シリーズ
【全6巻】

[シリーズ監修]
松本真理子、永田雅子、野邑健二

◎A5判／並製／◎各巻2,000円

「発達が気になる」子どもを生涯発達の視点からとらえなおし、保護者や学校の先生に役立つ具体的な支援の道筋を提示する。乳幼児から大学生まで、発達段階に応じて活用できる使いやすいシリーズ。

第1巻 〈乳幼児〉
育ちが気になる子どもを支える
永田雅子【著】

第2巻 〈幼稚園・保育園児〉
集団生活で気になる子どもを支える
野邑健二【編著】

第3巻 〈小学生〉
学習が気になる子どもを支える
福元理英【編著】

第4巻 〈小学生・中学生〉
情緒と自己理解の育ちを支える
松本真理子、永田雅子【編著】

第5巻 〈中学生・高校生〉
学習・行動が気になる生徒を支える
酒井貴庸【編著】

第6巻 〈大学生〉
大学生活の適応が気になる学生を支える
安田道子、鈴木健一【編著】

〈価格は本体価格です〉

家庭や地域における発達障害のある子のポジティブ行動支援PTR-F
子どもの問題行動を改善する家族支援ガイド
グレン・ダンラップほか著　神山努、庭山和貴監訳　◎2800円

家庭で育む しなやかマインドセット
能力や素質を成長させるシンプルなシステム
メアリー・ケイ・リッチ、マーガレット・リー著　上田勢子訳　◎2000円

発達につまずきがある子どもの子そだて
発達障害がある子の「生きる力」をはぐくむ はじめての関わり方
湯汲英史編著　◎1500円

子どもと変える 子どもが変わる 関わりことば
発達障害がある子の「生きる力」をはぐくむ 1
湯汲英史編著　◎1500円

ことばの力を伸ばす 考え方・教え方
発達障害がある子の「生きる力」をはぐくむ 3
話す前から一、二語文まで
湯汲英史編著　◎1500円

性の問題行動をもつ子どものためのワークブック
発達障害・知的障害のある児童・青年の理解と支援
宮口幸治、川上ちひろ著　◎2000円

性問題行動のある知的障害者のための16ステップ[第2版]
「フットプリント」心理教育ワークブック
クリシャン・ハンセン、ティモシー・カーン著　本多隆司、伊庭千惠監訳　◎2600円

性問題行動のある知的・発達障害児者の支援ガイド
性暴力被害とわたしの被害者を理解するワークブック
本多隆司、伊庭千惠著　◎2200円

発達障害と思春期・青年期 生きにくさへの理解と支援
橋本和明編著　◎2200円

子どものうつ病 その診断・治療・予防
長尾圭造著　◎3000円

医療・保健・福祉・心理専門職のためのアセスメント技術を深めるハンドブック
精神力動的な視点を実践に活かすために
近藤直司著　◎2000円

医療・保健・福祉・心理専門職のためのアセスメント技術を高めるハンドブック[第2版]
ケースレポートの方法からケース検討会議の技術まで
近藤直司著　◎2000円

発達相談と新版K式発達検査 子ども・家族支援に役立つ知恵と工夫
大島剛、川畑隆、伏見真里子、笹川宏樹、梁川惠、衣斐哲臣、菅野道英、宮井研治、大谷多加志、井口絹世、長嶋宏美著　◎2400円

子ども・家族支援に役立つ面接の技とコツ
〈仕掛ける・さぐる・引き出す・支える・紡ぐ〉児童福祉臨床
宮井研治編　◎2200円

子ども・家族支援に役立つアセスメントの技とコツ
よりよい臨床のための4つの視点、8つの流儀
川畑隆編著　◎2200円

ダイレクト・ソーシャルワーク ハンドブック 対人支援の理論と技術
ディーン・H・ヘプワース、ロナルド・H・ルーニーほか著
武田信子監修　山野則子、渋谷昌史、平野直己ほか監訳　◎25000円

〈価格は本体価格です〉

応用行動分析学
ジョン・O・クーパー、ティモシー・E・ヘロン、ウイリアム・L・ヒューワード著　中野良顯訳
◎18000円

世界の学校心理学事典
シェーン・R・ジマーソン、トーマス・D・オークランド、ピーター・ファレル編
石隈利紀、松本真理子、飯田順子監訳
◎18000円

困っている子を支援する6つのステップ
問題行動解決のためのLSCI〈生活空間危機介入〉プログラム
藤野京子著
◎1500円

いじめの罠にさようなら　クラスで取り組むワークブック
安全な学校をつくるための子ども間暴力防止プログラム
キャロル・グレイ、ジュディ・ウィリアムズ著　田中康雄監修　小川真一訳
◎1500円

子どものいじめ問題ハンドブック
発見・対応から予防まで
日本弁護士連合会子どもの権利委員会編
◎2400円

学校や家庭で教えるソーシャルスキル実践トレーニングバイブル
子どもの行動を変えるための指導プログラムガイド
ミッジ・オダーマン・モウギィほか著　竹田契一監修　西岡有香訳
◎2800円

写真で教えるソーシャル・スキル・アルバム
自閉症のある人に教えるコミュニケーション、遊び、感情表現
ジェド・ベイカー著　門眞一郎、礼子・カースルズ訳
◎2000円

写真で教えるソーシャル・スキル・アルバム《青年期編》
自閉症のある人に教えるコミュニケーション、交友関係、学校、職場での対応
ジェド・ベイカー著　門眞一郎、佐々木欣子訳
◎2000円

家庭・社会生活のためのABA指導プログラム
親と教師が今日からできる　特別なニーズをもつ子どもの身辺自立から問題行動への対処まで
ブルース・L・ベイカー、アラン・J・ブライトマン著　井上雅彦監訳
◎2400円

レベル5は違法行為！
自閉症スペクトラムの青少年が対人境界と暗黙のルールを理解するための視覚的支援法
カーリ・ダン・ブロン著　門眞一郎訳
◎1600円

発達障害がある子のための「暗黙のルール」
〈場面別〉マナーと決まりがわかる本
ブレンダ・スミス・マイルズほか著　萩原拓監修　西川美樹訳
◎1400円

自閉症スペクトラム障害がある人のための　才能をいかす　人間関係10のルール
テンプル・グランディン、ショーン・バロン著　門脇陽子訳
◎2800円

アスペルガー症候群の人の就労・職場定着ガイドブック
適切なニーズアセスメントによるコーチング
バーバラ・ビソネット著　梅永雄二監修　石川ミカ訳
◎2200円

ADHDコーチング
大学生活を成功に導く援助技法
パトリシア・O・クインほか著　篠田晴男、高橋知音監訳　ハリス淳子訳
◎2000円

読んで学べるADHDのペアレントトレーニング
シンシア・ウィッタム著　上林靖子、中田洋二郎、藤井和子、井潤知美、北道子訳
◎1800円

むずかしい子を育てるペアレント・トレーニング
親子に笑顔がもどる10の方法
野口啓示著　のぐちふみこイラスト
◎1600円

〈価格は本体価格です〉

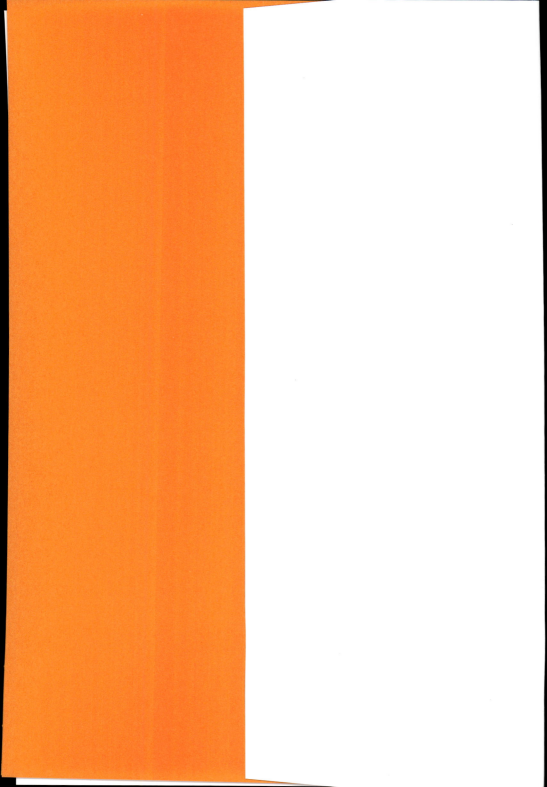

ISBN978-4-7503-4402-7

C0037 ¥2400E

定価(本体2,400円+税)

Implementing
Positive Behavior Support Systems
In Early Childhood And Elementary Settings